TRIP with KIDS
― こありっぷ ―

Yoshiko Kris-Webb

はじめに

子どもと旅をするというのは、休暇を取るのとは少し違う。
少しどころかずいぶん違う。
子どもが幼ければ幼いほど、より入念に計画を立てねばならず、
準備もいろいろ大変で、飛行機では神経をすり減らすばかり。
目的地に着いてからも子どもから目も手も離せず、
親は気の休まる暇もありません。

0歳からワールドトラベラーな娘たち。
12歳と13歳になる彼女たちのパスポートは3冊目に突入し、
訪れた国も10ヵ国を超えました。
5歳で単独ロンドンからパリを経由して帰国した長女は、
その時に首から下げていた
パスポートとチケットを入れるためのホルダーを
今も勲章か何かのように大切に持っています。
実際、子どもが旅の思い出を記憶してくれるようになるのは
5歳頃からなのかもしれません。
それでも私と夫は、娘たちが幼い頃から、
日本の美しい景色や文化に触れて欲しい、
世界は広いということを体験してもらいたいと、
毎年欠かさず旅に連れ出してきました。

PROLOGUE

教えられたこと、教えられていないこと、
見知っているもの、見知らぬもの。
今のうちに、いっぱいいっぱい体験してねって。
だって、子どもたちの許容量と吸収力と適応力は、
大人のそれとはレベルが違うわけだから。

アメリカ合衆国建国の父でもあるベンジャミン・フランクリンが
こんな言葉を残しています。
"Tell me and I forget, teach me and I may remember, involve me and I learn."
"言われたことは忘れる、教わったことは覚える、参画したことは学ぶ"

つまり、"体得に勝る学びはない"ということ。
そして子どもが親と一緒になって
それを実践できるのが子連れ旅="こありっぷ"なんです。
歴史、遺産、自然、風土、伝統、文化、食、遊び、その全てを、
今こそ子どもと一緒に体得しましょう！

クリス-ウェブ 佳子

P4	——	PROLOGUE
P8	——	こありっぷ世界地図
P10	——	10Learnings of こありっぷ クリス-ウェブ 佳子が旅を通じて子どもに経験させたい10のこと

P18 **Singapore & Bintan** シンガポール＆ビンタン島
「"みんな違ってみんないい"を感得する旅」

P26 **Aqua Mekong** –Cambodia & Vietnam–
アクアメコン―カンボジア＆ベトナム
「一生に一度のスペシャルな宿泊学習」

P36 **Ubud** ウブド
「感謝するココロを育む旅」

P46 **Tahiti & Mo'orea** タヒチ島＆モーレア島
「全員が子どもになれた旅」

P52 **Marrakesh** マラケシュ
「未知の国を攻略してまいります」

P62 **Paris** パリ
「美的センスを磨く旅」

P74 **Onomichi** 尾道
「自分のルーツを見せに行く旅」

CONTENTS

P80 —— **Uwajima** 宇和島
「日本の良さを再確認する旅」

P86 —— **East Tokyo** 東・東京
「自分の街をもっと好きになる旅」

P94 —— **Copenhagen** コペンハーゲン
「豊かなデザインに触れる旅」

P104 —— **Iceland** アイスランド
「おおらかさを身につける旅」

P112 —— How to Pack for a Trip with Kids?　こありっぷ的パッキングのコツ、教えます。

P113 —— My Ultimate Travel Packing Checklist　クリス-ウェブ 佳子の旅に必要不可欠なものリスト。

P114 —— What the Girls Pack for a Week-long Trip to Their Favorite Destinations ...
　　　　新音と紅が妄想パッキング。行きたい国に何持ってく？

P116 —— THE GIRLS' TALK　ウェブ家の"旅"ガールズトーク

P120 —— EPILOGUE

P123 —— **BASIC INFORMATION for こありっぷ** －旅の基礎知識－

P133 —— The Ultimate Apps for Travel　これさえあれば安心、なアプリたち

P134 —— The Ultimate Travel Playlist　気分を高める"旅音"たち

P135 —— **十人旅色のこありっぷ**

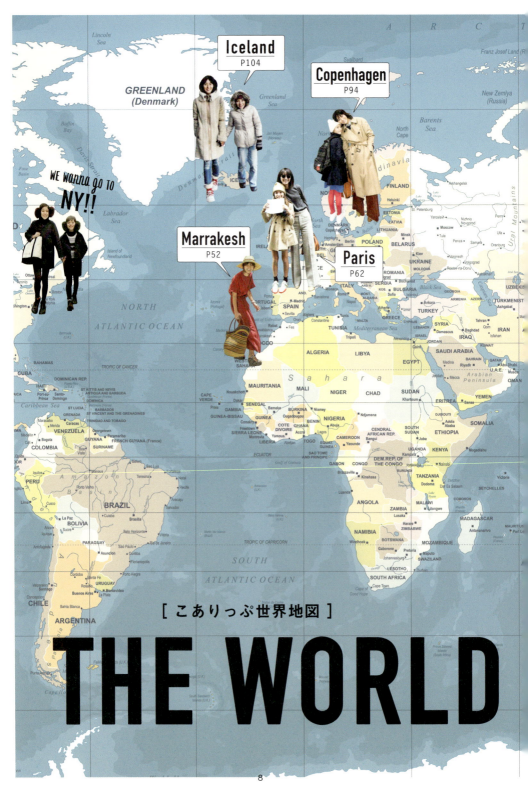

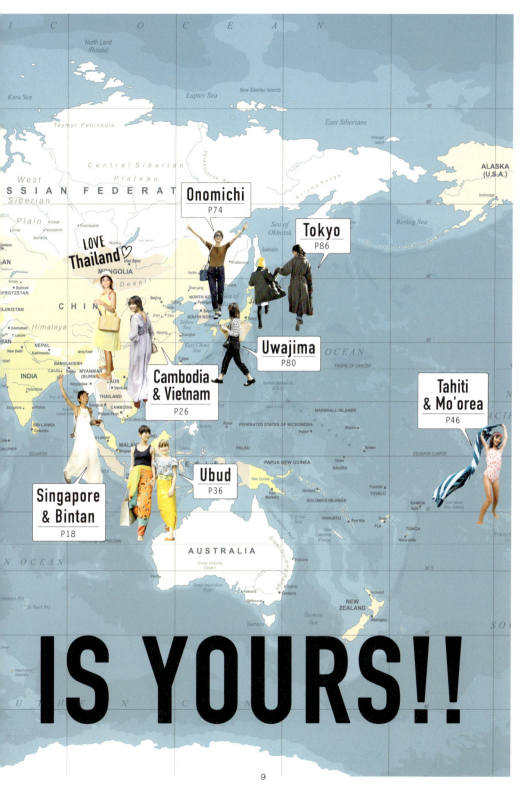

10 LEARNINGS of こありっぷ

クリス-ウェブ 佳子が
旅を通じて子どもに経験させたい
10のこと

この10項目は、すべて私自身が旅を通じて学んだこと。
私がこの先の人生を豊かにするために必要だと感じたことばかりです。
だから、子どもたちには早いうちから経験してほしい。
旅の最中って、不思議と心がフラットな状態になっているから、
経験がダイレクトに身になるのも利点なんですよね。

Talking like a native
現地の言葉でコミュニケーション

できることなら多くの笑顔に出逢える旅にしたい。そのために必要なのが現地語での挨拶。「こんにちは」、「おいしい」、そして「ありがとう」。それさえ言えたら、一気に距離が近づきます。現地語での挨拶は、その国の人を笑顔にする。「あなたたちをリスペクトしている」、「あなたたちの国を知りたいのよ」という意思表示になると思うんです。

Walking one's own path
自分の足で見つけた場所は特別になる

SNSが蔓延している現代は、なんでも調べられて、なんでも疑似体験できてしまいます。行った気になってしまうことも多々。だから私は時々、積極的に迷子になります。子どもたちと一緒に。自分たちで見つける感覚ってすごく大事で、"偶然"は驚きと感動をくれるし、喜びもひとしお。率先して"SNSでは見つからない場所"に行くこと、オススメします。

Digging into every dish
3 食わず嫌いは人生損だよ

食わず嫌い、すごくもったいないと思うんです。もしかしたら美味しいかもしれない。その可能性にチャレンジしないことがもったいなくて(笑)。それって他の行動にも繋がることだと思うので、"自分の限界は自分で作らないでよね"という気持ちも込めて「とりあえず食べてみようよ、意外とイケるかもよ?」とプッシュしています。

Negotiating and compromising
旅をしながら 交渉術・妥協力を身につける

値段交渉って海外ならではの経験。例えば子どもたちがビーチでミサンガを買う時は「この金額でどれだけ買えるかはあなたの交渉力次第よ」と伝えます。上手におねだりするスキルは、この先、絶対役に立つはず。妥協力はすなわち、"受け入れる力"。海外は日本のようにスムーズじゃないことばかりだけど、気持ちよく大らかに"妥協"できるといいですよね。

5

Being grateful is essential

生きとし生けるもの
すべての幸せを祈り、感謝する

「いただきます」と「ごちそうさま」だって、感謝と祈りを表す日本の素敵な文化。
でも、近頃の日本は物も豊富で、困ることがどんどん少なくなってきているせいか、
心を込めて「ありがとう！」を伝える機会が減っている気がします。
海外に行くと、祈る人々を本当によく見かけます。感謝の気持ちを思い出すきっかけになるんです。

Making friends lasts forever

世界中に「またね」を拡散。
友だちこそが人生の財産だから

また会いたい人が増えることほど、嬉しいことはない。それこそが旅をする意味。例えばコペンハーゲンの三ツ星レストランのシェフには、東京のオススメのレストランをリストアップしてあげました。そうやって情報交換すれば、お互いの人生がもっとずっと潤います。不思議な縁で出会い、時間を共有し、「またね」と別れるのが旅の醍醐味。

Getting inspired by landmarks

大自然に、世界の名建築。
まだ見ぬ奇観に会いに行こう

コペンハーゲンは、昔からの景観の中にモダン建築がなじむ様子が本当に素敵でした。アイスランドに行った一番の理由は、大自然と建築が織りなすコントラストを見たかったから。私が見たい景色を、子どもにも見てほしい。本物を一緒に見に行きたい。大人の趣味を共有することが、子どもの教養やセンスの育成にいい影響を与えると信じています。

Stimulating the senses

本格派レストランで
味覚好奇心を刺激する

8

海外の高級レストランは、基本子どももウエルカム。日本では考えられないほどフレンドリーで、エンターテイメント性も高い。"食べる時間"をキラキラしたものにしてくれます。次女は今でも、三ツ星レストランに行った時の話をよくするんです。すごく楽しかったねって。食事って味覚も含めて五感を使う作業。だから強烈な映像として記憶に残るんだと思います。

Learning the roots of happiness

貧富の差や価値観の矛盾にぶつかり幸せの本質を考える

9

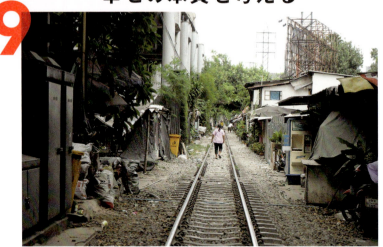

初めて東南アジアに行った時、古い家で暮らす人たちを見た次女はびっくりして泣いたんです。かわいそうだ、って。でも、旅をするにつれ、その人たちはきちんと幸せなんだよってことがわかってきました。だってみんな、家族で助け合いながら笑顔で暮らしているんだもの。お金のあるないが幸せの基準じゃないことを、感じつつあるように見えます。大事なのは、心だと。

Overcoming accidents and mistakes

失敗やハプニングこそが最高の経験！

10

色々大変なことも、旅だと"色々楽しかったね"で終わります。我が家の旅はハプニングの連続だけど、思い出すのはそういうことばかり。失敗すること自体は大したことじゃない、大事なのは対処の仕方だと思っています。くよくよせず、さあどう挽回する？旅先での失敗は度量を大きくする訓練であり、トラブルシューティングを学ぶレッスンだと思っています。

So, Let's Begin Travel Education!!

次のページから始まるのは、具体的な旅の記録、記憶。
子どもたちとの旅を通じて得た成果、感じたこと、
感激したことを私の目線でレポートします。
みなさんの"こありっぷ"のご参考になりますように。

TRIP
with
KIDS 1

Singapore

「"みんな違ってみんないい"を
感得する旅」

& Bintan

2015年に建国50周年を迎えたシンガポールは、多民族、多宗教で多文化な国。アラブ、インド、中国と、複数の文化が折り合いながら共存しています。小さな独立国家でありながら、東南アジア随一の経済成長を実現したシンガポール。この国の人たちはみんな、調和を取りながら、自分の利益よりも相互利益を優先し、お互いの価値観を認めながら暮らしています。それはまるで、理想的な地球の縮図のよう。"みんな違ってみんないい"を感得するべく、親子3人で行ってきました。

MULTI-ETHNIC SOCIETY
多民族タウンを安心安全に探索

自分の足で見つけた場所は特別になる／貧富の差や価値観の矛盾にぶつかり幸せの本質を考える

1.2 世界各地に点在しているチャイナタウンは、もちろんシンガポールにもあります。しかもとっても巨大なのが。3「ここだけいきなりインド感」と長女が圧倒されたのは、ヒンドゥー寺院があるリトルインディア。

ヘイ！タクシー！

memo:
タクシーがとにかく便利！

近代化のおかげで、東南アジアでは珍しくタクシーにメーターがついていて、カードでの支払いもほぼ可能。料金も安いので、気軽にタクシーを利用するのが断然、オススメです。

シンガポールの経済成長と近代化を象徴する超高層ビル群の足元に広がるのは、さまざまな文化が共存する活気に満ちた街音と街並み。多文化と聞くと、不安定なのでは？と心配になりますが、ここシンガポールは大丈夫。リラックスした気持ちで路地裏散策ができるなんて、東南アジア諸国の中では貴重な体験。アラビアンで、インディアンで、チャイニーズな雰囲気がごちゃ混ぜになったシンガポールは、多様な文化の交差点のようです。

MARINA BAY AREA

なぜこれは造られたの？を知る

到着後、まずはシンガポールといえばの「マーライオン」へ。"世界三大がっかり"として有名ですが、高層ビル群とのコラボレーションはなかなかの景色。十分に楽しめます。そして有名建築物を見る時は、その由来を調べるのが我が家の掟。"調べる・学ぶ"ということを日常的にしたいとの思いから！

大自然に、世界の名建築。まだ見ぬ奇観に会いに行こう

子どもと一緒に健全な夜遊びを！

「ガーデンズ・バイ・ザ・ベイ」では、LEDの電飾に彩られた18本のスーパーツリーが夜空を照らすイベントを毎晩開催。刺激的なサウンドとレーザービジョンで野外ディスコのよう！ 子どもたちもいつの間にか踊り出す始末。ナイトライフを子どもと楽しめるのも、シンガポールの利点です。

Gardens by the Bay
（ガーデンズ・バイ・ザ・ベイ）
マリーナベイ・サンズから徒歩圏内にある面積101ヘクタールほどの巨大植物園。園内はテーマで分かれており、有料エリアと無料エリアがある。
18 Marina Gardens Dr
http://www.gardensbythebay.com.sg/

寝っ転がると
景色が変わるよ

旅をしながら交渉術・妥協力を身につける／現地の言葉でコミュニケーション

TOWN HOPPING

お買い物で異文化コミュニケーション

お土産に真剣に悩む人に悪い人はいない、というのが次女・紅の持論で、旅先ではお土産ショッピングの時間は必ず確保します。その街の台所へ行き、お土産を買うことが多い我が家。スミスストリートは彼女曰く「カラフルなゲテモノの宝庫」。

チャイナタウンの「スミスストリート」でお土産探し。その国の土地の文化をぐっと身近に感じてもらえるので、旅先では子どもたちに積極的にお買い物を実践させます。金銭感覚、コミュニケーションの取り方、各国の言語や感謝の示し方など、身につくことは盛りだくさん。謎の食べ物、怪しい雑貨も、これまた経験。

**Smith Street
（スミスストリート）**

タクシーの運転手に「ローカルフードを食べるならここだよ」と教えてもらいました。お買い物に最適。私からもオススメ。
Chinatown Food Street 335 Smith Street

「緑がいっぱいっていいよね！」

都会のラピュタみたい　by次女・紅

国土の1/3が緑地といわれるシンガポール。建物に緑を取り入れると、なんとその費用の最大50%までを政府が援助してくれるんです。ビルのちょっとしたすき間など、そこかしこに緑があふれています。これは、子どもたちの目にも良いものとして映った様子。国の政策なんだよと教えると「天才！」だって（笑）。

BOTANIC GARDEN

世界遺産の植物園で好奇心を満たす

ロンドンのハイドパークのように都会の中心にあり、NYのセントラルパークのように園内ではコンサートが開催、マラケシュのマジョレル庭園のように異なる地域の植物が隣り合う、まるで世界中の美しい公園を一つにまとめたかのような壮大さ。シンガポールで何より感動したのがこの『ボタニック・ガーデン』でした。匂いを嗅いだり写真を撮ったり、見たこともない植物に紅は大興奮。子どもの探究心をたっぷり満たせるスポットです。

1 故ダイアナ妃も訪れたという「オーキッド・ガーデン」(有料)には、原種約1000種、交配種約2000種の洋ランが約6万株も。中はとてもいい香り。2.3 高級植物のオンパレード。持って帰りたい衝動に駆られます(笑)。4 植物の他にも色々な生物が潜んでいるので、ぜひ子どもと一緒に探索を。鳥やリス、オオトカゲも！ 5 隅々までメンテナンスが行き届いた園内では、ピクニックをしている人もたくさん。野外ステージではコンサートも。都会の森林浴、感無量です。

野外コンサートも開催

Singapore Botanic Garden
(シンガポール・ボタニック・ガーデン)
158年の歴史を誇るシンガポール最古の植物園で2015年に世界遺産に。年中無休。5:00〜24:00、オーキッド・ガーデンは8:30〜19:00、入場料大人5S$。
https://www.sbg.org.sg/

大自然に、世界の名建築、まだ見ぬ奇観に会いに行こう

BINTAN ISLAND

世界中に"またね"を拡散。友だちこそが人生の財産だから

遊びながら国際感覚を身につける

シンガポールから高速フェリーで南東へ約1時間。インドネシアのビンダン島にある『クラブメッド』というビーチフロントが美しいリゾートに到着。"友達"が仕事のホテルスタッフ、G.O(ジェントル・オーガナイザー)が笑顔で迎えてくれます。多言語をカバーするスタッフ、国際色豊かで子連れの多い宿泊客、そして終日行われる多様なアクティビティを有する『クラブメッド』は、親子での"短期留学"に最適。"遊びながら"というのが子どもに効果的なんです。

Club Med Bintan Island
(クラブメッド ビンタン)

クラブメッドは1950年創業、世界24ヵ国に約70以上のリゾートを持つオールインクルーシブのパイオニア。その素晴らしいホスピタリティにファン多数。
https://www.clubmed.co.jp

ビーチで遊んで、プールで泳ぐ！

大人も子どもも時間を忘れて過ごせるビンタン島の『クラブメッド』。シンガポールとセットで、存分に遊び倒して欲しい！

とろけるようなサンセット

白い砂、オレンジの空、深さを増す海の青。手つかずの自然が残る『クラブメッド』のプライベートビーチで夕日を独り占め。

ヘビに何度も遭遇

マングローブディスカバリー最高！

美しい木漏れ日の中、幻想的な空間を小型のボートでゆっくりと進む非日常体験。野生のサルやオオトカゲ、水蛇にも会えます。

女子がトキめくドレスコード

ディナーには毎日ドレスコードあり。マストではないけれど、楽しんだ者勝ち。この日はオールホワイト。ブティックでも購入可。

子どもは子どもの、大人は大人の時間を

『クラブメッド』は、子ども向けアクティビティが豊富。クラスは年齢別なので、飽きることもなし。1日預けっぱなしもOK。

夜は毎晩パーティ三昧

空中ブランコなどのショーに花火と、G.O全員参加のパーティは深夜まで。みんな本当に楽しそうで、思わず私も開放的な気分に。

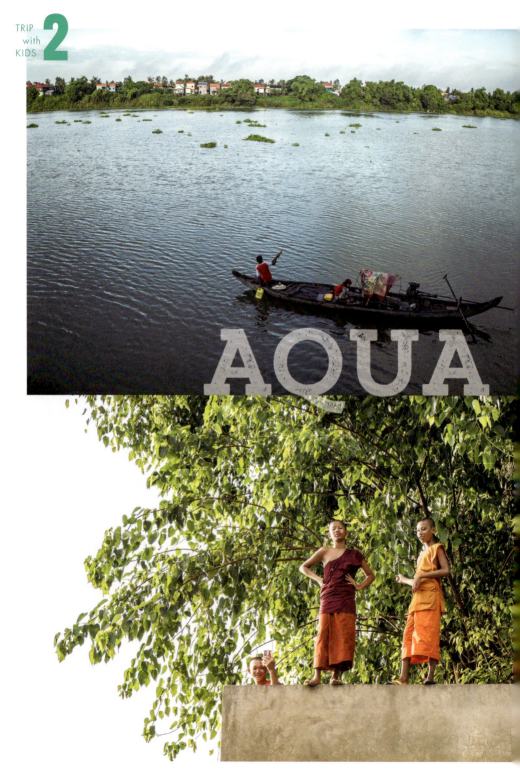

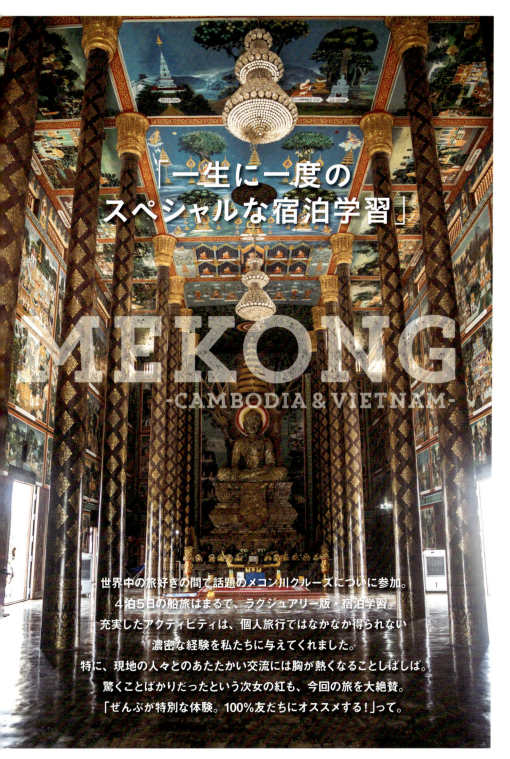

「一生に一度の
スペシャルな宿泊学習」

MEKONG
-CAMBODIA & VIETNAM-

世界中の旅好きの間で話題のメコン川クルーズについに参加。
4泊5日の船旅はまるで、ラグジュアリー版・宿泊学習。
充実したアクティビティは、個人旅行ではなかなか得られない
濃密な経験を私たちに与えてくれました。
特に、現地の人々とのあたたかい交流には胸が熱くなることしばしば。
驚くことばかりだったという次女の紅も、今回の旅を大絶賛。
「ぜんぶが特別な体験。100%友だちにオススメする！」って。

大自然に、世界の名建築、まだ見ぬ奇観に会いに行こう

RIVER CRUISE

「水に浮かぶ五つ星ホテル」に乗船！

定員40名の豪華リバークルーズ

CEO夫妻も乗船

アクア・メコン

4泊5日のクルーズ料は1人約50万円ほどで、7〜12歳の子どもは20％引き。季節や内容、キャンペーンによっても異なるので随時確認を。

☎ICM ☎03-5405-9213
http://icmjapan.co.jp/aqua/

　とはいえ、この船旅は、単にラグジュアリーなだけじゃない。船を運航する『アクア・エクスペディションズ』は観光産業を通じたチャリティに力を入れていて、クルーズ料にはアクティビティで訪れる村や小学校への寄付金も含まれているんです。旅を楽しむことが現地に暮らす人々の支援に繋がる、というわけ。貴重な体験ができることも加味すると「アクア・メコン」、決して"高い旅"ではないと思っています。

1 今回乗船した「アクア・メコン」は3階建て、全20室。バーや映画室、プールにジムといった豪華設備と、定員乗客40人に対しスタッフも40人という行き届いたサービスが魅力。宿泊費は食事にドリンク代、往復の送迎代からインターネット使用料までオールインクルーシブ。2 モダンなインテリアも素敵です。3・4 アクティビティには「スキフ」という小さな船に乗り換えて移動。起床6:00、朝食7:00、8:30スキフ乗船というルーティーン。規則正しい生活が気持ちいい。

HOW TO ENJOY
楽しみ方は自分で見つける

世界中に「またね」を拡散。友だちこそが人生の財産だから／自分の足で見つけた場所は特別になる

ココナッツの木に登る

プール後に日向ぼっこ

親友もできました

ママは自転車、私はトゥクトゥク

「アクア・メコン」は、子どもが自由にすることに対してとても懐が深い。クルーがいつでもちゃんと見守ってくれているから好きな時にプールで泳いでいいし、アクティビティの最中に子どもがトライできることもたくさん。アクティビティに行かずにクルーと遊びながらお留守番するのもあり。選択が子どもに委ねられているから、自主性が育つんです。自分に合う楽しみ方を見つける、良い経験になりました。

1 ココナッツの村では、愉快な木登り名人のおじさんの「君たちも登ってごらん」の声に率先して登り始める紅。物怖じしない性格は、こういう時に効力を発揮。2 プール後の冷えた体を太陽で温めている、とのこと。移りゆく景色を眺めながら、一人の時間を楽しんでいました。3 仲良くなった兄弟。この3人はいつも一緒に行動。4 私がサイクリングに奮闘する中、紅は安全にトゥクトゥクに、他の子どもたちと相乗り。子どもは子どもの時間を満喫した様子。

食わず嫌いは人生損だよ／貧富の差や価値観の矛盾にぶつかり、幸せの本質を考える

EAT EVERYTHING
まずは何でも食べてみよう

コオロギは結構イケる♡

　近隣の村や寺院を訪問するアクティビティも豊富な「アクア・メコン」。2日目に訪れたウドンの野外市場は、ローカル食の宝庫でした。コオロギ、バッタ、タランチュラの唐揚げ、カエルに亀、豚の鼻！　普段から"旅先では可能な限りその土地のものを食べる"のが我が家のモットーですが、カンボジアは少々レベル高め。タランチュラの脚を躊躇なく口にする母と、日本との文化の違いに目を白黒させる紅でした(笑)。

1 得体の知れないものがたくさん並ぶ店先。食は文化。胃腸の強い人はぜひ試してみて。2 普通の焼き鳥やスイーツももちろんあり。3 甘辛く煮たコオロギは意外と美味、タランチュラは胴体の中身が怖くて脚までで断念。味はほろ苦でした。酷暑のせいで脳がヒートアップしていたのか、とりあえずなんでも食べてみたかった私です。4 船でのランチ時、ココナッツジュースを試す紅。5 私はココナッツの村で竹筒に入ったココナッツ焼酎を試飲。甘くて、結構酔っ払う。

MONETARY SENSE
金銭感覚の違いを目の当たりにする

貧富の差や価値観の矛盾にぶつかり、幸せの本質を考える

地元の人たちの暮らしぶりを知ることは、これ以上ない社会科見学。紅が一番驚いていたのは、お金の価値の違い。陶器の村で、若い女性が壺1つを18円ほどで行商に売ると聞き驚愕。「こんなに一生懸命で上手なのに安すぎ!」って、本当だね。銀細工ももちろん超安価で、お土産にはいいけれど、1日何時間も働いて稼げるお金がこんなに少ないなんて不思議……と首をかしげる娘。この経験が本質を考えるきっかけになることを祈ります。

1個18円で売るんだって!!

カンポン・チュナンの陶器の村

コー・チェンの銀細工の村

1・2 目の前で壺1つをわずか15分ほどで完成させた女性。1日に作る数は約40個。1時間に4個、10時間もの労働。私たちは、新品ではなく彼女の家で使われていたものを買うことに。敬意も込めて10ドルを渡したら、家族全員が出てきて色々プレゼントしてくれました。3・4 銀工芸が盛んなこの村では、男性が鍛造、女性が細工を担当。特別な訓練所はなく、10歳くらいになると見よう見まねで親の技を自得するそう。

生きとし生けるものすべての幸せを祈り、感謝する

BE GRATEFUL
みんな助け合いながら生きている

　仏教では猫は不浄の動物とされており、特に生まれたての子猫が寺院に捨てられる。それでもカンボジアの人々は、動物と持ちつ持たれつの関係で暮らしているように私には見えました。ヒトと動物が共存し、お互いの命を繋いでいるように……。仏教センターにある本堂の内部は、壁も天井も仏画で埋め尽くされていて圧巻。なんだか自分が小さく感じるね、とは紅の弁。だから助け合うんじゃない？と返したのは私。

ソンテハン仏教センター
コー・チェン村から車で1時間ほど。1618年から1866年までカンボジアの首都として栄えたウドンの町にある仏教施設群。入場無料。

1 荘厳な寝仏の前で合掌。神様仏様には、お願い事よりも感謝を伝えるのが私の常。2「アクア・メコン」からのお布施を代表して僧侶に渡す紅。3 豪華絢爛な仏教施設群。寺院の壁は、すべてが金。4 カンボジアの寺院にはたくさんの猫。寺院では、捨てられた猫たちのほか、行くあてのない人々にも宿と食事を無償で提供。5 食堂に向かう僧侶の列。紅は昼食の準備をお手伝い。家だと何もしないのに、ここではすべてに積極的。助け合いの心、感じてくれているのかな。

SMILE SMILE
たくさんの笑顔に「ハローォ」

現地の言葉でコミュニケーション／世界中に、「またね」を拡散。友だちこそが人生の財産だから

　どの村にもたくさんの子どもたちがいて、元気に挨拶してくれます。彼らの「ハロー」を文字にすると「ハァロォォォォォ!!!」という感じで、とても威勢が良く、気持ちいい。そして一緒に遊べば、言葉はわからなくても何かが通じ合う。通じ合えば、子どもたちはきっと、お互いの国を大事に思うようになると思うんです。だからこそ、世界中に大切な人を増やす旅をもっともっと。

1.2 ココナッツの村で、出会った女の子。最初は警戒していた彼女も、みんなで遊ぶうちにどんどん懐いてくれて、最後には髪も編ませてくれて、抱っこまで。別れ際には、日本語とカンボジア語で挨拶を交換。私が伝えたのは「チョムリアップ・リア（さようなら）」の代わりの「リア・ハウイ（またね）」。また会いたいよ。
3 笑顔だけでコミュニケーションを取る、愉快なココナッツ焼酎おじさん。笑顔はつまり地球語ってことで。

現地の言葉でコミュニケーション／生きとし生けるものすべての幸せを祈り、感謝する

PRIMARY SCHOOL
自分ができることを考える

みんなでMATANE!

「アクア・メコン」からの寄付金と、乗客の男性が用意した色鉛筆を持って小学校を訪問しました。旅を通じて自分たちの手で直接届けて、嬉しそうな顔をこの目で見られる喜びは格別。旅の最後に、子どもたちのより良い環境づくりを支援するチャンスを与えられたことに、大事なことに気付けたことに、感謝の気持ちでいっぱいになった私と紅。またこの子たちに会いに来よう。鉛筆や塗り絵を抱えきれないほど持って。

コー・ダックの小学校

カンボジアの小学校はその多くが寺院敷地内に建設されている。もちろん、この学校も。また、電気代と水道代はほとんどが寄付で賄われているそう。

1 ここでも率先してお手伝いをしていた紅。いつもより少し、お姉さんぶって。 2 持ってきた色鉛筆が水彩色鉛筆だと途中でわかり、使い方をレクチャー。英語教育は日本よりも進んでいて、コミュニケーションもスムーズ。 3 電気は節約しているから教室内は暗いし、教科書も使い回し。足りないものがたくさんあるはずなのに、子どもたちは誰もが笑顔でキラキラ。欲することも時に必要だけど、いま手の中にあるもので満足できる心は美しいなと思った瞬間でした。

VIETNAM

ローカルだって楽しめる＠ホーチミン

「アクア・メコン」のさまざまなコースの中にはホーチミンから出発する航路もあり、これなら2つの国を一度に楽しむ、なんて欲ばりなプランも可能。私たちももちろん前泊しました。開発がめざましいホーチミンの街。ノスタルジックなこの景色も、10年後には様変わりしてしまうそう。だからこそ、街歩きはディープに、ローカルに。"その街らしさ"に触れることを私は何より愛しているし、それが子どもたちの学びにもなると信じているから。

自分の足で見つけた場所は特別になる／旅をしてながら交渉術・妥協力を身につける

Boo Coffee
（ブーコーヒー）
雑居ビルの最上階にある、穴場的なおしゃれカフェ。ホーチミンスクエアを見下ろせる立地が最高。

1 「アクア・メコン」のガイドさんはベトナム出身。僕の国だからと、一番美味しい珈琲屋に連れていってくれた。2 小さな商店がひしめく裏道。手前のおばさまがものすごくおしゃれ！ 3 イイ感じの雑居ビルの最上階で見つけた「Boo Coffee」でひと休み。4 自転車で行商するおじさん。とてもベトナムらしい光景。5 大通りで行商のおじさんから綿あめを買った紅。他に売られていたのもゴムで飛ばすおもちゃなど、ちょっと懐かしいものばかり。6 どんな国でも、フードマーケットには必ず立ち寄ります。独特のフルーツがたっくさん。

TRIP with KIDS 3

「感謝するココロを育む旅」

バリの人たちはとにかく祈る。すべてのものに神様がいると信じていて、
どんなことにも感謝する。生きているものはもちろん、地面にも。
そしてどんな時も笑顔を絶やさない。そんな優しい人たちに触れながら、
子どもたちが「自分たちは生かされている」ってことを、
感じてくれたらいいなって。
ヒンドゥー教への厚い信仰心を感じられる寺院や遺跡が多数存在する
森の避暑地・ウブドは、子どもの"ありがとう"が育つ場所。

PASAR UBUD

子どもと一緒にローカルを味わう

**PASAR UBUD
（ウブド市場）**

洋服、雑貨、香辛料、野菜、果物、肉、魚……と、なんでも売っている市場。地元の生活感をもっとも身近に感じられる場所かも。お土産もぜひここで。
Jl. Raya Ubud No.14, Ubud, Kabupaten Gianyar, Bali

テリマカシ～（ありがとう）

サマサマ～（どういたしまして）

とりあえず
食べてみよう

　微笑みの島、バリ。みんなが笑顔で挨拶してくれるから、こちらも笑顔になる。そんな雰囲気に触れたければ『ウブド市場』へ。ここは、なんでも揃うウブドの台所。地元の人でにぎわうのは朝6～8時だから、ローカル感を体験したいなら、是非早起きを。紅に一人でお買い物させてみると、サツマイモの千切りを砂糖で煮詰めた丸いお菓子を買ってきました。きちんと交渉して安くしてもらったみたい。「テリマカシ（ありがとう）」「サマサマ（どういたしまして）」のやりとりが可愛くて、何回でも言いたくなるんです。

1 地元の食材に触れるって、旅の一番の醍醐味。見たこともないフルーツを交渉しながら買っていると、旅をしているってことがすごく実感できる。2 私はなんでも口にしてみる派。"その国を知るには胃袋を知るべし"がモットー。もちろん、子どもたちにも引き継がれています。3 市場には食料品の他、民芸品もたくさん。お土産はここで調達しました。観光客が押し寄せる前、業者に混じって朝早く訪れるとじっくり吟味できます。

縦書き：貧富の差や価値観の矛盾にぶつかり、幸せの本質を考える

LIFE IN UBUD
旅先の日常に触れる

　頭にお盆を載せて歩く人たち、布を巻いただけのカラフルな衣服、渓谷での稲作……。東南アジアは特に、文化や風習の違いを学ぶのに最適な場所。風土に合った暮らしを丁寧に続ける人たちの姿は、不思議と愛おしい。だから私は子どもたちと一緒に、その場所の"いつも"を見に行くんです。東京みたいに最先端なんかじゃないけれど、笑顔の量はきっとウブドの勝ち。何が自分にとっての幸せなのか、考えるきっかけになりますように。

Bali Pulina Plantation
（バリ・プリナ・コーヒー農園）
棚田を見下ろす絶景カフェで無料試飲もできる農園。バリコーヒーは酸味が少なく、穀物っぽい味わいが飲みやすい！
Banjar Pujung Kelod, Tegallalang, Sebatu, Kabupaten Gianyar, Bali

チョコレートと同じ香り〜

1 紅はコーヒー豆の焙煎を体験。木になったコーヒー豆やカカオの実を初めて手に取り嗅いでみる。「チョコの原料なの!?」と神妙な表情。2 三つ編みの少女たちが下校中。髪が長いのがルールなのかな。3 何でそんなにバランスがいいの!? バリの人たちは自然と体幹が鍛えられているんだな、なんて思ったり。4 テガララン村にある棚田。平地の少ないバリでは、山や丘を切り開いた渓谷で稲作をする。二期作、三期作で米を作るから、一年中稲穂が実る。自然と共存するために生み出された、バリならではの絶景というわけです。

Tegallalang Rice Terrace
（テガララン・ライス・テラス）
ウブドから北へ8km、テガララン村にある棚田で、世界遺産。バリのライステラスの中でもその美しさで有名で、"神の階段"とも呼ばれる。
Tegallalang, Kabupaten Gianyar, Bali

BALINESE HINDUISM
土地の神様に触れる

生きとし生けるものすべての幸せを祈り、感謝する

バリではありとあらゆる神様に感謝する。商売や農業などの神様はもちろん、玄関やキッチン、使う道具にも神様はいて、朝に夕にとお供えをする。地面にいる悪霊という名の神様には、悪さしないでねと願いを込める。私たちが泊まった『星のや バリ』では、バリ・ヒンドゥー教に欠かせない「チャナン」作りが体験できます。感謝しながら作り、感謝を込めてお供えした紅。"今ここにあるもの"への感謝と祈り。彼女の心に根付くといいな。

バリの人は怒らないんだって〜

お供え物のチャナン

1『星のや バリ』ができる前からあるという古いお寺にお供えに。その際、「バリの人は怒らない。怒ることは恥なんです」と聞いて驚愕する母娘。「私たちって恥さらしだね」とは紅の弁。また一つ学んだね(笑)。2 エントランスではいつも心地よいガムランの音色が迎えてくれます。3 チャナン作りを体験。椰子の葉で編まれた小さなお皿に、フレッシュな花々をたくさんのせて。4 お供えをする際の正装。サロン(腰布)とスレンダン(帯)の着用が必須。

FOREST RESORT

美しい時間の過ごし方はたくさんある

プールサイドのリビングでのんびり

1 落ち着いたベッドルームに用意されたお布団はさすがの星のやクオリティ、ふっかふかなんです。森の静けさもあいまって、私も紅も毎晩ぐっすり快眠。

2 ヴィラはすべてプール直結。目の前のプールではしゃぐ子どもを見守りながら、私はプールサイドに設置されたリビングでのんびりリラックス。

3 ライブラリーは24時間オープンしていて、絵本も揃う。プールに足を浸しながらの読書はもう最高。この宿は色々な時間の過ごし方を提供してくれます。

4 見渡す限りの森林を目の前に、ガゼボ(あずまや)で朝ヨガ。聖なる川が作り出した豊かな自然からエネルギーをもらいながらのヨガ。最高です。

5 私が特に気に入ったのは、このカフェ・ガゼボ。理由はシンプル、鳥の気分を味わえるから(笑)。まるでジャングルの宙に浮かんでいるような感覚です。

30棟のプライベート・ヴィラからなる『星のや バリ』は、いくつかの集落を抜けて一本道を進んで行くと忽然と現れる。そこは大自然に囲まれたフォレストリゾート。集落のように配されたヴィラは運河プールに直結していて、心地よいせせらぎの音が迎えてくれます。空と緑を背景に、まるで沐浴しているかのような気分。何もしなくても満ち足りていて、私も紅もつい深呼吸。こんなに豊かな時間の過ごし方、知らなかったね。森での暮らしも、結構いいかもしれない。

大自然に、世界の名建築・まだ見ぬ奇観に会いに行こう

インドネシア朝食、絶品

6 絶景のダイニングでいただいたのは、9種のコンディメントとお粥のインドネシア朝食。お腹が整う美味しさ！ウブドは朝が本当に美しいんです。

7 大人が本気で楽しむ姿は、子どもの心に素敵な作用をもたらすというのが持論。バリでの水遊びは、海よりも森に囲まれたプール遊びを120%オススメ。

HOSHINOYA Bali（星のや バリ）
30棟のプライベート・ヴィラからなる、大自然に囲まれた美しきフォレストリゾート。ビーチばかりの私たちには、新鮮な楽園でした。
Br. Pengembungan, Desa Pejeng Kangin Kecamatan Tampaksiring, kabupaten Gianyar, Bali
https://hoshinoya.com/bali/

WALKING AROUND

食べて、歩いて、買って

　大好きなふれあい街歩き。嗅覚を働かせつつ、美味しいお店、可愛いお店、ステキな民芸品を探す街歩きは、宝探しにも似た楽しさで、ウブド市街地はまさにうってつけの場所。私は小さな商店で約500円の帽子をゲットし、これをきっかけに旅先で帽子を手に入れるようになりました。帰宅後、壁に飾れば、思い出の詰まったインテリアにもなるから。そして行く前には是非、ジュリア・ロバーツ主演の映画『食べて、祈って、恋をして』で予習を。

Cafe Wayan & Bakery
（カフェ ワヤン＆ベーカリー）

どこに座っても緑がいっぱいの、キッズフレンドリーなレストラン。とにかくメニューが豊富だから、子どものお気に入りもきっと見つかるはず。

Jl. Monkey Forest, Ubud, Bali

居心地バツグン

Hujan Locale
（フジャン・ローカル）

スミニャックの人気レストランMama Sanの系列で、インテリアもおしゃれ。子どもがインドネシア料理に飽きてきたら、ここのクリスピーピザを。

Jl. Sri Wedari No.5, Ubud, Kabupaten Gianyar, Bali
https://www.hujanlocale.com/

インテリアも素敵

魚のエサは無料です

Bale Udang Mang Engking Ubud
（バレ・ウダン・マン・エンキン・ウブド）

田んぼに囲まれたレストランで、鯉が泳ぐ池の周りに小屋が立ち並ぶ。魚のエサは無料。コスパが良く、郷土料理がお手頃価格で食べられます。

Jl. Raya Goa Gajah, Peliatan, Ubud, Kabupaten Gianyar, Bali
http://www.baleudang.com/

日本人オーナーのお店

warang wayan indonesia（ワランワヤン・インドネシア）

日本人女性オーナーが経営する、小さくて温かくて可愛らしいお店。共同経営者である女性がマラケシュ在住のため、モロッコのバブーシュも。

Jl. Dewisita, Padang Tegal, Ubud, Bali
http://warangwayan-indonesia.com/

IKATBATIK（イカットバティック）

絣布イカット、ユネスコ無形文化遺産のバティック（ろうけつ染め）を扱う。商品の多くは本場ペジェンで作られた手染めのもの。オススメです。

Jl. Monkey Forest, Ubud, Bali

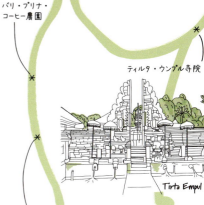

品揃えに拍手！

Ubudahh（ウブダー）

バリらしいデザインのアクセサリーや雑貨、インテリアグッズなどが所狭しと並ぶ店。お土産を探す際も重宝しそう。

Jl. Hanoman, Ubud, Kabupaten Gianyar, Bali
http://ubudahh.business.site/

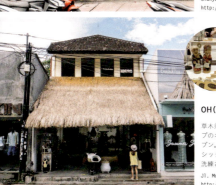

OH（オーエイチ）

草木染めリネンを扱うショップのオーナーが2016年にオープン。伝統工芸品やシャビーシックなインテリアが揃い、洗練されたムード。

Jl. Monkey Forest, Ubud, Bali
http://oh-shop.business.site/

生きとし生けるものすべての幸せを祈り、感謝する

BATHING & PRAYING
沐浴で、神聖な気持ちに浸る

　バリ島の中心部にある『ティルタ・ウンプル寺院』は、泉から聖水が豊富に湧き出ていて、無病息災の力があると信じられています。ゆえに昔から沐浴場としても有名。私たちも、バリの人々の心に根付く信仰の力を感じるべく沐浴に挑戦。まずはチャナンをお供えし(有料)、冷たい水を頭からかぶり、祈る。これを何度も繰り返す。すると不思議と神聖な気持ちに……。紅もスッキリした様子。精神のデトックス、子どもにこそ体験して欲しい感覚です。

心が洗われた気がしました♡

ありがとう、聖なる水

1 豊かに溢れ出る聖水を浴びる紅。水の深さは、紅の胸下くらいはあり、この時期(3月)は実はちょっと寒かった。2 水を浴びるうちに頭がクリアになってきて、いつしか神聖な気持ちに。これ、定期的にやりたい(笑)。3 沐浴の際にもサロン(腰布)とスレンダン(帯)を着けるのがルール。これは朝市で購入済み。子ども用もちゃんと売っています。4 祈る時には、チャナンを供えるのがこの地の習わし。チャナンは有料ですが、沐浴自体は無料。

Tirta Empul (ティルタ・ウンプル寺院)

バリ・ヒンドゥー教の聖地。ペットボトルやポリタンクを持って聖水をいただきに来る地元の人も多くいるのだそう。
Jl. Tirta, Manukaya, Tampaksiring, Kabupaten Gianyar, Bali

「おみやげ選びに時間がかかる人に悪い人はいないと思います」

旅先のプーケットでそう言ったのは次女。

彼女はすべての旅先で数十本のミサンガをお友だちに買う。

願いを込めてつけ、自然に切れたら願いが叶うというジンクスを信じて。

未来に繋がる、次女定番のおみやげセレクション。

誰も何の知識もない、周りに行った人すらいない。
そんな未知の島に、あえて何の情報も持たずに行ってきました。
地図だけ頭に入れて、グーグルマップの航空写真だけを頼りに移動して。
みんなで協力して成し遂げた旅は、名付けて"リゾートサバイバル"。
たくさん感じて学んだ、チャレンジだらけの旅。
子どもたちの印象的なセリフを聞きながら、
旅が彼女たちを成長させていることを実感して
心から嬉しかった私です。

「全員が子どもになれた旅」

Mo'orea

Tahitiのビーチにて

「いっぱいの青を撮りたかったの」
by にのん

Booking.comで予約したタヒチのホテルはビーチフロント。海へと続くインフィニティプールに腰掛ける紅。プールから海、海から空へと続く青を一枚の写真に収めたのが長女の新音でした。美しい自然の景色は子どもをアーティストにするんだ、と思った一枚です。

Mooreaのコテージにて

「ぜーんぶ自分たちでやり遂げてるって感じ♡」by にのん

これは、夕食後の新音の言葉。今回は友人2人を伴っての6人旅だったのですが、各々、自然に役割分担ができていて、それがすごく心地よく、家族の絆も友情も深まりました。スーパーで買った不思議な青い魚をさばくのは私、子どもたちはテーブルセッティング、カレー作りにお米とぎ(日本から持って行きました)。大人もみんなでアナログな生活を楽しむ合宿みたいな旅が、子どもたちには新鮮だったみたい。

Mooreaのレストランにて

「またお気に入りの場所が できちゃった」by 紅

地中海料理をいただけるレストランで、
あまりの美味しさに
2回も行ってしまったお店。
すぐ横が海で、水がキレイ。
ごはんを待つ間も、魚と遊べる楽園。
こうやって、行く先々で
お気に入りの場所を
作るようにしています。
自分の居場所、安心する
場所を見つける力はこの先必ず、
役に立つと思うので。

Moorea Beach Café モーレア・ビーチ・カフェ
ヴーヴ・クリコが経営する、我が家的には"モーレア島一"美味しいレストラン。目の前の海の透明度に大感動。

Mooreaのホテルにて

「エイとお友達になれました」by 紅

正式にはマンタレイ。モーレア島のインターコンチネンタルでは、
サメとエイを餌付けしていて、一緒に泳ぐことが可能。
懐れる人と懐かれない人がいるそうなのですが、
エイは紅にべったり、何度も体当たりされていました。
「きっと私のことが好きだったんだと思う」だって(笑)。
動物と心を通わせることができるあなたは素敵だよ。

**InterContinental
Resort And Spa Moorea**
インターコンチネンタルリゾートアンドスパモーレア

宿泊していなくても、エイと遊ぶことは可。
インターコンチネンタルホテルグループは、
スマホアプリが便利です。

Mooreaの滝壺にて

「ママはしゃいでるね」
by にのん

グーグルマップで探して、せっかく見つけたイイ滝なのに
みんななかなか滝壺に入りたがらない。
来たからには滝に打たれたい!と誰より早く飛び込んだのは私。
次が夫。夫に勝って歓喜する私に、長女がおかしそうに
呟いた言葉がこれ。遊び心を忘れないで欲しいから
我が家では大人が積極的にはしゃぎます。

Mooreaのベルベデール(展望台)にて
「アバターみたいな景色です」
by にのん

ベルベデール(展望台)からロツイ山を望む景色に
「ジュラシック・パークみたいに壮大だねー」と私。
それに対して新音は、「え、アバターでしょ？」。
これは旅育とは関係ないけれど、
見える景色の印象も、世代によって
全然違うんだなという衝撃。メモしておきます。

Mooreaの露店にて
「チュロス、2つ買ったら
いくらにしてくれる？」
by 紅

こういうお店って値札がないから、
まずは値段を聞いて、そこから交渉スタート。
大抵は英語も通じないので、身振り手振りと、
あとは笑顔。お店の人と仲良くなって、
おまけしてもらえたら上出来！と教えています。
相手の心をほぐす"可愛く図々しい交渉術"、
身についてきているみたいです(笑)。

Tahitiの街の中にて
「タヒチは
街全体がアート」
by にのん

これは、タヒチ政府観光局と
地元企業が協力して
市内の壁をアーティストに開放する
国際的なグラフィティフェスティバル、
「ONO'U(オノウ)」のおかげ。
そもそもは人集めが目的なのですが、
なんてセンスのいい政策！
これ東京でもやればいいのにね、
2020年に向けてね、
なんて子どもたちと語り合いました。

関係ないけど言わせてください！

「タヒチって
イケメンだらけ♡
(by 佳子)」

ママ、
ロングレンズで
撮りすぎ(笑)

Tahitiのゲストハウスにて

Cathelia キャセリア
フランス人カップルが経営しているゲストハウス。ロケーションがとにかく最高。

「なんだか実家にいるみたい」by にのん

最後に泊まったゲストハウスは、言わばヒッピーハウス。素敵なフランス人のご夫婦が経営していて、手作りのパンにジャム、ヨーグルトを大量に出してくれる。そのハートフルなおもてなしに、また2人に会いに来たいと全員が思った。タヒチに実家ができちゃいました。

Tahitiのマーケットにて

「地元の人を応援します」by にのん

帽子やバッグ、石鹸、オイルなど、
地元の人たちが作ったものに出会える
マーケットには絶対に足を運びます。
そこでしか手に入らないものを買いたい、
という気持ちもあるけれど、
その土地で頑張っている人を応援したい、
みたいな気持ちの方が実は強くて、
その話をしたら新音が賛同してくれました。

タヒチアンダンスショーにて

「みんなが楽しくて最高！」by 紅

さんざんサバイバルな旅をしておきながら、最後の夜は
ディナーショー!?とゆるい気持ちで参加したのですが、素晴らしかった！
みんな大感動して帰って来ました。苦労したからこそ
楽しめたのかもしれない。みんなが素直に笑える瞬間が一番！
アリアナ・グランデ似のダンサーに興奮した紅のセリフが印象的でした。

TRIP for MYSELF

「未知の国を攻略してまいります」

ずっと憧れだった世界遺産の街・マラケシュは、
事件と隣り合わせのちょい危険な場所。
いきなり"こありっぷ"は少々怖い……を口実に(笑)、
まずは大人だけで訪問してきました。
そこは"旅慣れた"なんて自負はまるで通用しない
日本からはとても遠い異国の地。夢見てちゃダメ
心して、心から、気持ち良い旅ができるよう、
その魅力と攻略法を私なりにご紹介します

STAY

3つの宿泊スタイルで、
興奮も余裕もすべて味わう

1日目は格安リヤドでメディナ(旧市街地)とスーク(市場)を満喫。
2日目は世にも壮大なグランピング。3〜4日目は 新市街ゲリーズの『フォーシーズンズ』へ。
心と時間に余裕を持って帰国したいから 最終日はのんびり、が、私の旅のスタイル。

STAY_1　まずは「リヤド」でマラケシュ通の仲間入り

リヤドとはその昔、大富豪が住んでいた中庭＆プール付きの一軒家を、大小様々にリノベーションした宿泊施設のこと。モロッコ風のインテリアでお値段もお手頃です。マラケシュのメインエリアであるメディナ(旧市街地)は、巨大迷路のように細い道が入り組んだ場所。メディナ探検には、リヤドに泊まるのが一番です。お買い物スポットからも近くて便利。

1

佳子さん宿泊のリヤドは
現在改築中……。
代わりに周辺の
オススメをご紹介

Riad Jardin Secret
(リヤド・ジャルダン・
シークレット)

1泊朝食付きで一人1万円
程度〜。特に女性に人気の
クリーンで美しいリヤド。

@riadjardinsecret で
インスタも展開中。

43-46 Arset Aouzal
Bab Doukkala Marrakech
http://riadjardinsecret.com

2

3

1 中庭のプールで泳いだり、ルーフトップで日光浴したりと、宿泊者が思い思いの時間を過ごすのがリヤド的滞在法。2 モロッカン×ヨーロピアンのインテリア。3 エントランスを出ると、外は狭い路地。この迷路のような路地こそがメディナたる証。(写真はすべて佳子さんが滞在した「リヤド・ルチアノ」のもの)

STAY_2

アガフェイ砂漠で壮大すぎる「グランピング」

砂漠体験をするなら、「アガフェイ砂漠」が断然オススメ。マラケシュから車で45分、景色が乾いてきた……と思ったら、もう到着です。砂漠でのグランピングは最高！　自家菜園の有機野菜を使った食事、ユニークなスタッフ、そして壮大な景色。特に素晴らしいのが星空で、地平線から地平線まで全方位180°すべての星が見えるんです。空が丸いと気づかされる神秘的な光景。いつか必ず、子どもたちにも見せてあげたい！

1

2

3

4

5

6

Terre des Etoiles
(テル・ドゥ・エトワルズ)

マラケシュ市内から車で約45分。テントは約20棟あり、すべてシャワー・トイレ付き。料金はオールインクルーシブで大人2人1泊約1万8000円。
http://www.terredesetoiles.co.uk/

1 ヤギやロバ、クジャクにラクダまで。ハーブ園や小麦園もあり、挽き立ての小麦で作ってくれるパンケーキは絶品。2 メインテントではWi-Fiも使えます。3 入り口の門は、何もない砂漠の中に突然現れる。4 まるで太陽が地面に溶け込んでいくかのような夕陽は、これまでで一番の神々しさ。5 広大な砂漠の中をサイクリングしていたら、色々なことがちっぽけに思えてくる。6「どこで食べたい？」と好きな場所にテーブルセッティング。夕食のタジン、美味しかった！

STAY_3

締めは「ラグジュアリーホテル」でリラックス

少し疲れも出てきた旅の最後は贅沢に癒やされて帰りたい……ということで選んだのは『フォーシーズンズ』。ここはキッズフレンドリーホテルの最高峰。子連れでも手ぶらでOK、なんでも用意してくれるんです。キッズルームはもちろん、ティーンネイジャールームもあるから、それぞれが自由に楽しめる。子どもたちは遊びに夢中、親はプールサイドでまったり、スパでゆったり、バーでしっとり。最後に一泊すると、みんなが整います(笑)。

ホスピタリティは完璧

1 中庭やプールは、すべての部屋から見える造り。 2 4〜12歳が対象のキッズルームには、ピザまで焼ける本物のキッチン、メイクルーム、ライブラリーも。13〜17歳対象のティーンルームには、シアター、ビリヤード台、バスケットコートなどが揃う。 3 ホテル中が特産品のバラでいっぱい。 4 モヒートを味わいながら生演奏を堪能。 5 プールサイドのレストランにはアイスクリームスタンドも常設。 6 ベビー用アメニティも完璧な品揃え。これも全部無料サービス。

Four Seasons Resort Marrakech
（フォーシーズンズ・リゾート・マラケシュ）

新市街ゲリーズにある五つ星ホテル。特にファミリーへのサービスに力を入れており、18歳までの子どもは親と同室であれば宿泊無料！

1 Boulevard de la Menara, Marrakech
https://www.fourseasons.com/marrakech/

ADVICE

実体験から学んだ、私的マラケシュ攻略法

　実際に起きた事件や失敗から学んだ、私なりのマラケシュ攻略法を紹介します。実は今回、スークを散策中にバッグをひったくられてしまいました。バイクに乗った2人組の男に……。迷路のようなスークにはひったくり犯がいたるところに潜んでいて、特に携帯電話は地元のモロッコ人でもよく被害に遭うそう。甘く見ていた。浮かれていました。これは完全に、自分の責任。

　さらに驚いたのが、その後。周辺のお店の人や覆面警察官（これまた、いたるところにいる）があっという間に50人くらい集まってきて、自分は断食中なのにバナナをくれたり、木陰に椅子を用意して休ませてくれたり、本当に親切にしてくれたんです。イスラム教では、"困っている人には手を貸すのが当然の行為"と教えられているそうで、これには友人と二人で大感動しました。

　良い人も悪い人もいるのは、日本と同じ。旅とは訪れる先々で受け入れてもらうばかりではなく、相手の文化や習慣を学び感じることが何より大切。そんな旅の心得を再確認した私たちでした。

マラケシュに行くまでは、旅慣れているという自信があったんです。お恥ずかしながら。実際は……こてんぱんにやられました(笑)。でも失敗は成功のもと。落ち込むほどの失敗や事件もあえて隠しません。次からはきちんと対策を練りさえすれば、いいことなのだから。

Jemaa el-Fna（ジャマ・エル・フナ広場）
旧市街地メディナの中心にあり、ここからスークと呼ばれる市場が四方に広がっている。夜になると屋台がひしめき合い、かなり混雑。ひったくり犯が常に標的を探しているので、荷物は必要最小限で。

ヘナレディが一番手強い！

Warning_1
フナ広場の大道芸人に注意せよ

カメラを構え、シャッターを押した瞬間に料金が発生。金額はその人次第、ぼったくられないよう注意。払ったとしても10〜30ディルハムで十分です。写真は、ヘナレディ(私が命名)に襲撃された直後の私。勝手に描いておきながら(写真上)、「気持ちを支払って」と料金を請求。消えるのに3週間もかかりました。フナ広場、一見の価値はありますが、目が合わないようサングラスをかけているくらいがちょうどいいかも。

Warning_2
移動のタクシーは宿で手配せよ

空港から宿までの移動に一般のタクシーを使ったら、相場の3倍もの請求が。もちろん相場の金額しか払わなかったけれど、大ゲンカ。値段交渉にも時間を取られるし何かと面倒なので(気分も悪い！)、宿で手配してもらうのがオススメです。メディナの中でも、どこからともなく自称荷物係が登場して、有無を言わさず荷物を運び始めます。たった5分の距離に2000円を要求されました。"流しの運び屋"には要注意！

Warning_3
スークの「勝手に案内人」に留意せよ

この世に絶対なんてないけれど、スークの中では確実に迷子になります。そして立ち止まって地図を見ようものなら、「勝手に案内人」(私が命名)が群がります。危ない場所に連れて行かれるワケではないのですが、大抵は仲間の店に誘導されて、法外な値段をふっかけられるのがオチ。スークに無償の親切はほぼナシ、と心得て。あと、路上で携帯電話で場所を調べる行為は、ひったくりの格好の餌食になるので絶対NG。

RECOMMENDED

もちろん、オススメだっていっぱいあります

王様も常連のショッピングヘヴン

　数々のスークを巡り、何百回もの「No, thank you」を繰り返した末に最高のお店を発見。ラグなどのインテリア雑貨、家具、衣類やアンティークまで、香料や食品以外ならなんでも揃います。中にはミュージアム級の商品も。現地のブティックのバイヤーさんを誘って再訪したら、「モロッコ人としてこのお店を誇りに思うわ」と。それくらい、このお店は最良！

**BAHJA EXPORT
（バハ・エキスポート）**

気になるものは片っ端から中庭に広げて見せてくれる。品揃えばかりか、接客も素晴らしい。モロッコの王様もここの常連なのだとか。
121 zone industr. Sidi Ghanem, Marrakech

イヴ・サンローランの終の棲家

　真のおしゃれとは何かを見せてくれるのが『マジョレル庭園』。この庭園に使われているブルーは"マジョレルブルー"と呼ばれ、この色が使われ始めた理由は、世界各地から集めた草木や花々が「まるで歌っているかのように生き生きと見える」からだったとか。2017年には庭園の横に『イヴ・サンローラン美術館』もオープン。ますます見逃せない！

MAJORELLE GARDEN（マジョレル庭園）

フランス人画家で植物収集家のジャック・マジョレルが40年の歳月をかけて造った庭。1980年にイヴ・サンローランが買い取った。
Rue Yves Saint Laurent, Marrakech
http://jardinmajorelle.com/ang/

置いてあるものすべてが素晴らしいショッピング天国に、エクレクティックな庭園、行き届いたサービスと明朗会計（と英語でのオーダー！）が約束されるおしゃれなレストラン。この4つのスポットが私的マストアドレス。マラケシュの"いいところ"が凝縮されています。

ランチに使いたいメディナのオアシス

フランス人オーナーが経営するレストランで、グリーンを基調にしたインテリアがハイセンスな『ル・ジャルダン』。"スークでの買い物に疲れたらここで一息"はマラケシュ通の間では鉄板。英語が通じる場所はホッとします。名物はスイカ入りガスパチョ、レンズ豆のサラダ。キッズメニューもベジタリアンメニューも用意があります。お酒はナシ。

> **LE JARDIN（ル・ジャルダン）**
> 毎日営業ですが、ランチは12～14時、ディナーは19～21時と短いから気をつけて。夜は予約がベター。ホームページから簡単に予約できる。Wi-Fiアリ。
> 32 Souk Jeld Sidi Abdelaziz, Marrakech
> https://lejardinmarrakech.com/

雰囲気最高のルーフトップで飲んで踊って

フナ広場から歩いて約10分の『テラス・ドゥ・エピス』はディナーにオススメ。Wi-Fiあり、DJのライブパフォーマンスあり、メニューも豊富で、嬉しいことにお酒も飲めます。ちょっと飲みたい気分のディナーなら絶対にここ。ルーフトップにランタンを灯した客席には心地良い音楽が流れ、雰囲気も最高です。名物料理はタジン。もちろん明朗会計。

> **TERRASSE DES ÉPICES**
> **（テラス・ドゥ・エピス）**
> 2階にはブティック、1階には売店も。食べて、飲んで、踊れて、お買い物もできる人気の有名店なので、夜はホームページから事前に予約を。
> Sidi Abdel Aziz 15 Souk Cherifia, Marrakech
> https://terrassedesepices.com/

NEXT TIME...
次に来る時は必ず、子どもたちも一緒に

旅も終盤のある夜、宿までの道を歩いて帰った時のこと。一日の断食を終えた家族や若いカップルたちが、公園や沿道の芝生に座り遅い夕食をとっていました。まるでナイト・ピクニックのように。昼間は観光客というだけで標的にされ、足元を見られていたのに、その時ばかりは誰も私たちに目もくれない。和気藹々と、それぞれが幸せな時間を過ごしていました。今回の旅では痛い目にも散々あったけれど、結局はこの光景が一番心に残っています。

私がマラケシュ行きを伝えると、家族や友人からは決まって「気をつけてね」という言葉が返ってきました。気をつけるのはもちろん大切。でも、それ以上に「気を配る」ことが大切だと思うんです。

例えば、モロッコはイスラム教国なので肌の露出には要注意。肩が隠れるトップスと足首まであるボトムスを心がけたい。またブルカやニカブで顔を隠しているイスラムの女性は、写真に写り込むことすら極端に避けるので、たとえ風景を撮る時でもひと言声をかけるのがマナーだったりとか。

その国の文化や宗教、社会情勢を学び、人々の事情や心情を汲み取ることで、漠然とした不安は解消できるんだなと思ったマラケシュ旅。今回は大人だけの旅だったけれど、次は大丈夫、子どもたちも連れて行ける。この自信が、マラケシュからの最大で最良のお土産になりました。

ちなみに、大事なのはペットボトルと帽子。帽子のなかった日、『バハ・エキスポート』で購入したバッグをかぶって歩いたのは私です。苦肉の策でしたが、ストローバッグだから外が透けて見えるし、涼しくて意外と快適だった(笑)。

先を急ぐ大人の合理主義に逆らって、
ゆらゆら揺られながら、運転手さんとのおしゃべりに興じながら、
ゆっくりと過ぎ行く景色を眺めつつ運ばれてみる。
旅先で100％求められる子どもたちからのリクエスト。
移動手段じゃない、それ自体がエンターテイメントなんだって。

パリ

「美的センスを磨く旅」

フランスの絵本『リサとガスパール』や『げんきなマドレーヌ』、
ポエティックな写真絵本『THE RED BALLOON』など。
読んであげるたびに「パリってどんなところ?」と尋ねる子どもたち。
きっと絵本からも、その魅力が伝わっていたのでしょう。
そんな彼女たちを初めてパリに連れて行ったのは2013年の夏。
美しい街に2人はすっかり恋をした様子。その若さで!
実は私が30歳を過ぎてようやく魅力に気づいた街。
もっと早く気付けても良かったかなって思うから(笑)、積極的に、子連れでパリ。

LIKE A PARISIENNE
暮らすように子どもとパリを楽しむ

LE BON MARCHÉ
(ル・ボン・マルシェ)

"世界で最初のデパート"ともいわれる老舗百貨店。オペラ座をモデルにしたという美しい外観や内装も必見。
24 Rue de Sèvres Paris
https://www.24sevres.com/fr-fr/le-bon-marche

1.2「Airbnb」でパリの部屋を探す時の絶対に譲れない条件が"ボン・マルシェまで徒歩15分圏内"。食料品館の品揃えが圧巻で、お土産のほとんどがここで揃う。**3** 毎朝通った近所のベーカリー。**4.7** 借りたのは芸術家が所有する2階建てのアパートメント。3ベッドルーム、1バスルームの190㎡で6人まで宿泊OK。4泊で約18万円だから、同じ条件ならホテルに比べて随分とお財布にも優しい。**5** 焼きたてのクロワッサンで簡単(でも美味!)な朝食。**6** "エッフェル塔が眺められる場所"というのも部屋探しの条件のひとつ。

朝ごはんは自分たちで準備

泊まった部屋からはエッフェル塔が見えます

アパートメントの小さなエレベーター

自分の足で見つけた場所は特別になる／失敗やハプニングこそが最高の経験！

大好きな街だから、一番良い形で、暮らすように過ごさせてあげたい。パリの人たちの美しい暮らしぶりを感じさせたい。そんな思いから、ホテルではなく「Airbnb」で見つけたアパートメントに滞在しました。朝は近所のベーカリーへ、外食に疲れたらスーパーで食材を調達して、一緒にディナーを作ったり。普段と変わらぬ時間割りで過ごせたからか、リラックスして街歩きも満喫できました。いつか暮らしたい場所の、候補のひとつになったかな？

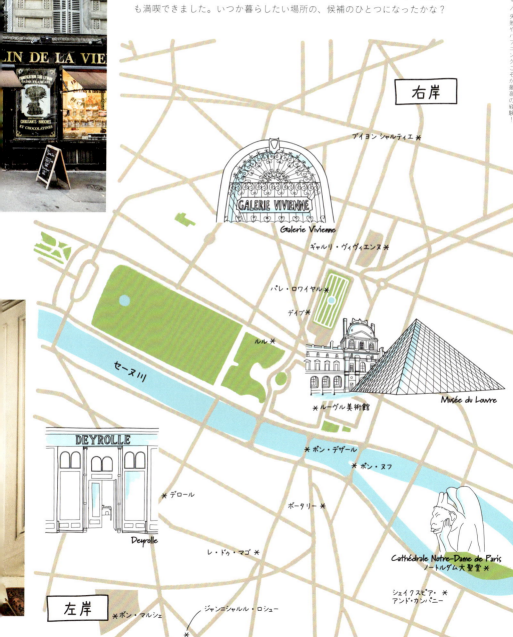

HISTORICAL MONUMENTS
麗しき歴史的建造物はストーリーとご一緒に

そこはまるで19世紀のパリ

パリで一番ロマンティックな橋

1 高田賢三さんが1970年に最初のKENZOブティックを出店した場所としても有名。2 見上げれば瀟洒なガラス屋根、足元には鮮やかなモザイクタイル。通称"パリで最も美しいパッサージュ"は、車の通行を禁止したことが功を奏し、完成当時の面影が色濃く残っています。

3 映画『ポンヌフの恋人』で有名な、パリ一古い橋。パリで愛を象徴する場所といえばここ。4 世界中のカップルが「ポン・デ・ザール」にカギを取り付け永遠の愛を誓ったという有名な「愛の南京錠」。ですが、2014年に重さで橋の一部が崩壊。今は「ポン・ヌフ」横の広場に移設。

**Galerie Vivienne
（ギャルリ・ヴィヴィエンヌ）**
19世紀のパリの雰囲気をそのまま残すパリ随一のパッサージュ。有名ブティックからアーティストのアトリエまでさまざまな店が立ち並ぶ。
4 Rue des Petits Champs Paris
（プティ・シャン通り側の入り口）
http://www.galerie-vivienne.com/

**Pont Neuf
（ポン・ヌフ）**
"新しい橋"という意味だけれど、実は16〜17世紀にかけて建設された、パリに現存する最も古い橋。そして最も有名な橋！

まだ見ぬ景色を、大自然が生んだ絶景を見に行こう

美しい建物は数多くあるけれど、ただ見るだけでは子どもの心には残らない。だから私は必ずルーツを説明します。「これはナポレオンの頃にできたんだよ」とか「フランス革命の始まりはパレ・ロワイヤルから！」とか。"そこで何かを経験させる"というのも有効で、私の十八番はお買い物。2013年には「ギャルリ・ヴィヴィエンヌ」の書店でコインを渡し、"好きなポストカードを買っておいで"って。学びと経験は忘れないものです。

歴史のある回廊にはハイセンスなお店がひしめく

庭園はパリっ子たちのオアシス

願いよ、届け！

5 ルイ14世が幼少期を過ごした場所。美しい回廊に、有名ヴィンテージショップやハイブランドのブティックが軒をつらねる。6 絶好の記念撮影スポット。7 中庭は子どもも走り回れる憩いの場所。8 コイントスして円柱に乗せられれば良いことが、なんて言い伝えも。

```
Palais Royal
（パレ・ロワイヤル）

18世紀にオルレアン家によって作られた回廊が有名。さまざまなショップと美しい庭園が隣り合う、市民たちの憩いの場所。
Place du Palais Royal Paris
http://www.domaine-palais-royal.fr/
```

RESTAURANTS
"パリっぽい"をたっぷり味わう

美食の街パリ、雰囲気のいいお店を体験させたいと思うのが親心。でも、右を向いても左を向いても飲食店が立ち並ぶパリで、雰囲気、サービス、味も値段も納得できて、しかも子連れで行けるレストランを探り当てるのは至難の業。頼れるのは現地在住の友人と、パリ通たち。地元民と観光客が押し寄せる予約不可の大衆食堂や、アーネスト・ヘミングウェイら文豪が通い詰めたカフェなど、パリを感じる素敵な3軒をご紹介します。

パリの名物おじさん、デイブのレストラン。額縁に入った著名人との記念写真がところ狭しと！「何が食べたい？」というデイブの質問に答えると、それに合わせたメニューを出してくれるシステム。楽チンです。

Dave（デイブ）
著名人やアーティストたちがこぞって通う、超人気の中華料理店。料理は広東料理中心の定番メニューが揃う。
12 Rue Richelieu Paris

1896年創業の超有名店。ラグジュアリーな右岸にありながら"美味い、早い、安い"の超庶民派を守り続け、大衆食堂として別格の人気。エスカルゴにタルタルなど、昔ながらのフランス料理がどれも10ユーロ程度。

Bouillon CHARTIER（ブイヨン シャルティエ）
パリのエスプリとは何かを伝えてくれる歴史的なビストロ。とにかくリーズナブルで美味しい、行列が絶えない名店。
7 Rue du Faubourg Montmartre Paris
http://www.bouillon-chartier.com/

古き良きパリの雰囲気がしっかり残る内装は創業当時のまま。パリ気分が高まるテラス席には、勝手に座ってOK！　待っていれば、そのうちスタッフがやってきます。急がず、焦らずがパリのカフェを楽しむ極意。

Les Deux Magots（レ・ドゥ・マゴ）
ヘミングウェイやピカソらが社交場として通い詰めた、1885年創業の老舗カフェ。せっかくならテラス席に座りたい。
6 Place Saint-Germain-des-Prés Paris
http://www.lesdeuxmagots.fr/

LET'S BE FOODIES
無意識のうちから本物に触れさせる

本格派レストランで味覚好奇心を刺激する

"食のセンスがいい人は、生きるセンスもいい"と信じています。だからパリでは、テーブルマナーを心得始めたばかりの子どもと一緒に、あえてヒップなレストランに突入。習うより慣れろ。味も雰囲気も、"本物"を子どものうちから経験させておくと、自然に身につけてくれると思うから。教えたテーブルマナーを忠実に守ろうと、カトラリーを確かめながら食べ進める姿が微笑ましかった紅。食育の仕上げに連れてきた甲斐がありました。

ウェイターさんも
みんなおしゃれ

LouLou（ルル）
庭園にテラスを構える美しいレストラン。日差しが降り注ぐテラスと調和するよう選ばれたメニューは、仏伊リビエラ地方の料理。
107 Rue de Rivoli Paris
https://loulou-paris.com

夜はグッと大人の雰囲気になるので、子連れならランチ利用がオススメ。お料理はフレンチタッチが利いたモダンイタリアン。価格は少しお高めだけど、せっかくのパリ、最高にクールな場所だし、いいじゃない？ ハイエンドな空気に最初は緊張していた紅も、最後は大満足。

まずはキャビアだけを
テイスティング

BOUTARY（ボータリー）
2016年1月にオープンしたキャビア専門店。常時3種類のキャビアを、モダンフレンチとともにカジュアルにいただける。
25 Rue Mazarine Paris
http://www.boutary.com

日本好きなシェフと日本人女性スタッフが出迎えてくれる、とてもキッズフレンドリーなお店。子どもの口に合うよう、メニュー選びでは親切に相談に乗ってくれました。味はもちろん、極上。おしゃれな空間でいただく初めてのキャビア体験、子どもの情操教育に最適です。

自分の足で見つけた場所は特別になる

FIND MY PLACE
自分のお気に入りの場所をつくる

　初めてのパリ訪問から4年。地図を片手に、目的地までの道のりを案内してくれるまでに成長した紅。「この通り、可愛い！」「あっちの道から行ってみない？」と臨機応変に街歩きを楽しみながら、お気に入りスポットをいくつも見つけていました。目的と思っていた場所に向かう途中で真の目的を見つけた、なんて考えると、街歩きは人生に似てる？　それは少し大げさだけど、私は寄り道大歓迎！　発見を繰り返しながら大きくなってね。

きもちいい〜

パリ装飾芸術美術館の裏手にある広場

レストラン『ルル』でランチを堪能し、ルーヴル・ピラミッドを観に行く途中にある広場は、走り出したくなるような美しい芝生が広がっていて、天気のいい日はそれはそれは気持ち良い。寝転んだり、写真を撮ったり、たそがれたり、自分の時間を満喫していた紅。

サン・タンドレ・デ・ザール通り

左岸歩きの最中に紅が偶然見つけたのが、サン・タンドレ・デ・ザール通り。可愛いカフェやバー、レストランが軒を連ね、若いパリジャン＆パリジェンヌで大賑わい。今回はゆっくりいられなかったけれど、次回は必ず。また一緒にパリに来る際の楽しみが増えました。

セーヌ川沿いの道

ポン・ヌフに向かう際、ノートルダム大聖堂から遠ざかるように歩いたセーヌ川沿い。その静かで美しい光景は、小さな紅の心も奪った様子。行き交う観光船に手を振り、何人振り返してくれるか当てっこしたり、パリのお散歩っていつまででも続けられるんですよね。

SECRET SPOTS
HOTな情報には敏感に！

　その街の最新スポットや話題のお店で、自分的にビビッときた場所には子どもを必ず連れて行く（私が見たいからというのもあるけど）。常に好奇心を持って、新しいことに貪欲に、感度を高く保てる大人でいてほしいから。これは私の教育理念の一つで、面白い大人になってくれたら嬉しいなと常々思っているんです。風変わりなところほど、行ってみたい派（笑）。子どものクリエイティブな感性を育てるお店、場所、いつも探してます。

自分の足で見つけた場所は特別になる／失敗やハプニングこそが最高の経験！

知る人ぞ知る剝製＆標本屋さん。この店を愛するウディ・アレン監督の映画『ミッドナイト・イン・パリ』にも登場しました。通常の剝製とは違い、ここでは動物園やサーカスで自然死した動物のみを引き取っているそう。

Deyrolle（デロール）
1831年創業の歴史を誇る剝製・標本の専門店。昆虫学、生物学、剝製技術などに関する本も多数出版している。
46 Rue du Bac Paris
http://www.deyrolle.com/

ドキドキしちゃう

私的にはパリで1、2位！

動物モチーフが有名なチョコレートショップ。ロシュー氏は"チョコレート界の彫刻家"とも呼ばれる人で、どの作品もまさに剝製のようにリアル。2018年1月にはついに東京・南青山にもお店がオープン！

Jean-Charles Rochoux（ジャン＝シャルル・ロシュー）
『ミッシェル・ショーダン』をはじめ、数々の名店で腕を磨いたショコラティエ、ジャン＝シャルル・ロシュー氏のショップ。
16 Rue d'Assas Paris
https://www.jcrochoux.com/

世界中に、"またね"を拡散。友だちこそが人生の財産だから

BOOKWORM
本は世界を優しくつなぐ！

どこの国でも本屋には必ず足を運ぶのですが、ここは別格にムードがいい。1951年の創業以来、多くの作家や本好きが集まる文学オタクの聖地。お金のないバックパッカーたちには、ボランティアワークを条件に無料で宿泊させてあげることでも有名。店内には、寝転んで読書できるデイベッドなども。こういう店が家の近くにあったら、子どもたちはきっともっと読書が好きになるんだろうなあ……と妄想せずにはいられません。

宿泊者たちからのメッセージ

1 小部屋が続く店内は、まるで2階建ての一軒家。階段も壁も廊下も隙間なく本、本、本！ 2『裸のランチ』の著者W・S・バロウズも、ここで作品を書き上げたとか。3 古いタイプライターやピアノもあり、どれも自由に使ってOK。4 ここに宿泊した人の数はなんと3万人以上。彼らが残していったメッセージがびっしり。5 猫のアギーはお昼寝中。6 紅の好みはとにかく大きな本、だそう(笑)。

SHAKESPEARE AND COMPANY
(シェイクスピア・アンド・カンパニー)

G・ウィンターソンが開いた、英語の書籍だけを集めた書店。1951年の創業以来、多くの人を魅了し続ける、左岸に欠かせない文学機関。
37 Rue de la Bûcherie Paris
https://shakespeareandcompany.com/

看板猫のアギー

世界中で買い集めた麦わら帽子。
インドネシア、タヒチ、モロッコ、タイ、カンボジア、ベトナム。
もっともっと集めたくて、麦わら帽子がありそうな国を選びがちな自分がいます。
隣接する国同士の帽子には共通点が見られたりもする。
リビングの壁にどんどん広がる帽子MAP。

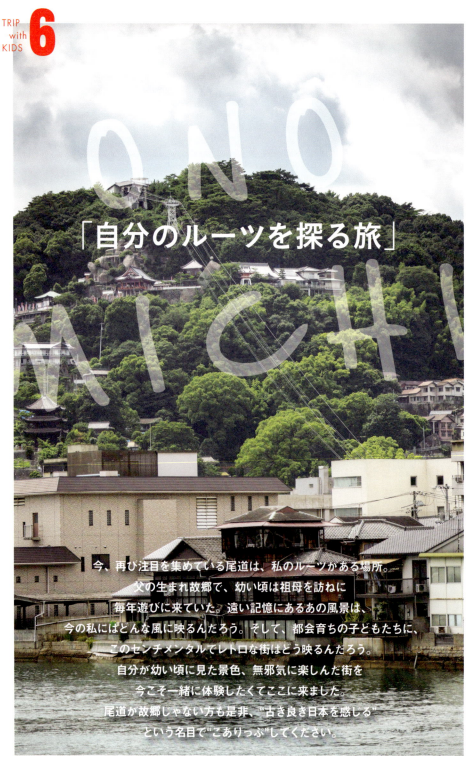

TRIP with KIDS 6

ONOMICHI

「自分のルーツを探る旅」

今、再び注目を集めている尾道は、私のルーツがある場所。
父の生まれ故郷で、幼い頃は祖母を訪ねに
毎年遊びに来ていた。遠い記憶にあるあの風景は、
今の私にはどんな風に映るんだろう。そして、都会育ちの子どもたちに、
このセンチメンタルでレトロな街はどう映るんだろう。
自分が幼い頃に見た景色、無邪気に楽しんだ街を
今こそ一緒に体験したくてここに来ました。
尾道が故郷じゃない方も是非、"古き良き日本を感じる"
という名目で"こありっぷ"してください。

RETRO TOWN

昭和レトロな商店街に"古き良き"を学ぶ

貧富の差や価値観の矛盾にぶつかり、幸せの本質を考える

まるで時が止まったかのようなレトロな商店街を目にすれば、日本人ならきっと誰でもセンチメンタルに。映画『ALWAYS 三丁目の夕日』のような空気をリアルに体験できる場所です。レトロな建物を活かしたカフェや雑貨店が立ち並び、歩いているだけで楽しい。自転車に乗った中学生がチャリンチャリンと駆け抜けて行き、都内ではなかなか見られないのどかな光景に和みます。「昔は良かった」と言うつもりはないけれど、古いこの街並みには"日本らしさ"が溢れている。日本人のいいトコロが滲み出てる。そういう感覚、伝えていきたいって思います。

尾道本通り商店街
尾道駅から尾道水道に沿って東に伸びる全長約1.2kmの商店街。新旧の商店が軒を連ね、また商店街から脇に入った路地裏にもお店が多いので、散策やお土産探しにぴったり。

1 季節柄、七夕飾りがまだ残っていた。「きりんに えさを あげるひとになりたい」ってお願い事、可愛かったな。 2 閉じた商店を若い人たちがリノベーション。『あなごのねどこ』は1泊2800円で泊まれるゲストハウス。 3 100年続いた銭湯・大和湯をリノベしたカフェ『ゆーゆー』。 4 ネクターの自動販売機はまさかの現役。 5 子どもの頃に連れて行ってもらったおもちゃ屋さんが健在！ 愛しのウルトラマン！

RETRO TOWN
時々は立ち止まって、振り返って

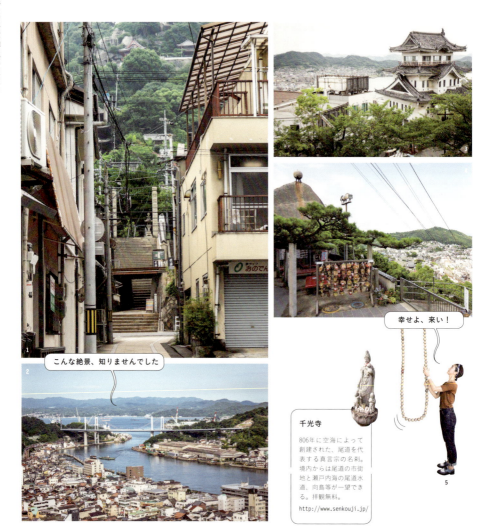

1

2 こんな絶景、知りませんでした

3

幸せよ、来い！

千光寺
806年に空海によって創建された、尾道を代表する真言宗の名刹。境内からは尾道の市街地と瀬戸内海の尾道水道、向島等が一望できる。拝観無料。
http://www.senkouji.jp/

5

慣れ親しんだ千光寺と尾道城を目指し、坂の街を出発。長く急な坂道は、子どもの頃に何度も駆け上がり、今でも一番心に残っている景色。地図にも載らないような民家の間の細い路地を、半分迷子になりながら上へ上へと進みます。そして、急勾配に足を止め振り返ると、眼下には瀬戸内の絶景が！　一気に駆け上がるだけだった子どもの頃には知らなかった景色。大人になった今だからこそ出会えた景色でした。子どもとこの坂を上り、美しき瀬戸内を眺めながら、「振り返るからこそ見えてくる景色ってあるんだよ」なんて名言ごっこするのも楽しいかもしれません。

1 坂の街、尾道。迷路のような路地が、そのまま坂道へと繋がる。2 振り返ればほら、瀬戸内海。3 町の名士が「尾道にも城を」と私財を投じ、1964年に博物館として建設したのが『尾道城』。今は廃墟。4 千光寺まで坂を上がるのは大人にはかなりキツいので(笑)、ロープウェイで山頂まで行き、振り返りながら下るコースをリコメンド。5 三十三観音堂の正面にある「百八煩悩滅除大念珠」は、幸せを念じながらカチカチと引くのが決まり。

LOCAL SPECIALTIES

キンキンのビール！

尾道プリン

自分の足で見つけた場所は特別になる／食わず嫌いは人生損だよ

名物のわらびもち

砂肝がポイント！

"ここにしかないもの"を食する

旅先で食べたいのは、そこでしか味わえない、その土地ならではの味。これは我が家の家訓にも近い掟で、食べることには常にチャレンジせよ、と教えてきました。食は文化。そこでしか見られない景色がまた、最高の調味料にもなるから。幼い私にとって、尾道といえば100円を握りしめて行く駄菓子屋くらいでしたが、名店が実は多数存在。永遠のように感じていた商店街は思っていたより短く、私の行動範囲は随分と広がっていたのでした。尾道散策の途中で見つけた、寄り道に最適な4軒を紹介します。

みはらし亭
築100年の茶園を再生させたカフェ併設のゲストハウス。千光寺のすぐ下にあり、散策の休憩にぴったり。
📍広島県尾道市東土堂町15-7
http://miharashi.onomichisaisei.com/

おやつとやまねこ
看板メニューは"二度美味しい"尾道プリン(324円)。最初はそのまま、2口めからはレモンシロップをかけて。可愛いビンは持ち帰りもOK。
📍広島県尾道市東御所町 3-1
http://ittoku-go.com/

ぽっぽ家
たっぷりのキャベツにふわふわのそば、そしてコリコリの砂肝に風味豊かなイカ天が最高にイカしてます。これはもう神の組み合わせ。
📍広島県尾道市土堂2-8-24

昇福亭 千光寺道店
千光寺から坂を下ると見つかる和菓子店。尾道本通り商店街にもお店が。閉店していたのに、私たちに気づいたご店主が奥からパック持ってきてくれた。
📍広島県尾道市東土堂町 11-24
http://www.shohukutei.com/

本格派レストランで味覚好奇心を刺激する

BELLA VISTA
いつだってご褒美は、
お鮨とお風呂

丁寧な手仕事に感動

イケメン大将、甲斐さん

　宿泊は、尾道の"今"を象徴する『ベラビスタ スパ＆マリーナ 尾道』へ。客室はもちろん、展望風呂もオーシャンビューで、美しい海を眺めながらの入浴は最高。『鮨 双忘』では瀬戸内の恵みをたっぷり味わうことができます。極上のお風呂と、美味なる鮨。ずっと昔から日本人を喜ばせてきたツートップを、子どもとシェア。日本人の魂みたいなものは、教えておきたいから。

**ベラビスタ
スパ＆マリーナ 尾道**

かつては造船所の迎賓館だった建物をリニューアルし、2007年にオープン。瀬戸内随一の高級リゾートホテルで、新しい尾道の象徴的な存在。

📍広島県尾道市浦崎町大平木1344-2
http://www.bella-vista.jp/

1 頼んだのは、鮨12貫に季節の品、お吸い物、卵焼き、デザートがつくおまかせコース。大将が握るのは、瀬戸内でその日に獲れた白身の魚だけ。きすは昆布〆に、まながつおは白味噌漬けに……など、素晴らしく手の込んだ和の手法でもてなしてくれる。2 瀬戸内海を一望できる展望風呂。夕食後に行った時は、誰もいないのをいいことに前方の芝生で、裸のまま星空を独り占め。なんという贅沢！

FERRY TRANSFER
フェリーに乗って旅情を高める

行ってらっしゃーい

出航だってよーー

大自然に、世界の名建築。まだ見ぬ奇観に会いに行こう

　我が家の旅はよく船に乗る。船は"旅をしている気分"が無条件に高まるし、いつもと違う景色を見るにはもってこいなんです。瀬戸内の人々にとっては生活の足でもあるフェリー。寄港先では続々と地元の人が乗り込んでくるし、部活帰りの中学生と一緒になることも。だから船内はとても和やかでアットホーム。"その場所に適した暮らし方があるんだよ"を知れる社会科見学としても、フェリーでの移動は有効です。

1 ベラビスタがある常石から尾道までは、タクシーだと6000円ほどかかるため、移動は片道920円のフェリー&旅客船がオススメ。2 点在する小さな島々を眺めながら、のんびりとした船旅を楽しめます。3 古くから造船業で栄えた尾道では、船は生活の一部。家路に就く中学生の女の子とあいのり。

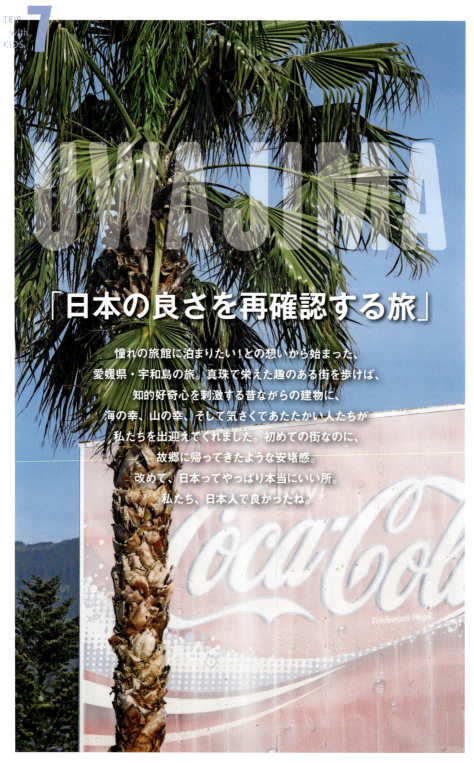

TRIP with KIDS 7

UWAJIMA

「日本の良さを再確認する旅」

憧れの旅館に泊まりたい!との想いから始まった、
愛媛県・宇和島の旅。真珠で栄えた趣のある街を歩けば、
知的好奇心を刺激する昔ながらの建物に、
海の幸、山の幸、そして気さくであたたかい人たちが
私たちを出迎えてくれました。初めての街なのに、
故郷に帰ってきたような安堵感。
改めて、日本ってやっぱり本当にいい所。
私たち、日本人で良かったね。

KIYA RYOKAN

アートな古民家に泊まる

　一度は廃業するも、宇和島市再生プロジェクトの一環で新たに生まれ変わった『木屋旅館』。友人に勧められ、ずっと気になっていた宿です。"気ままに楽しんでほしいから"と、スタッフは全員、日暮れとともに帰宅。この放ったらかしな感じがたまらなく心地良いし、100年もの歴史と現代アートが融合した素敵空間に自由に滞在できることが本当に贅沢。子どもたちの記憶にも、より深く刻まれるんじゃないかな。そして、"みんなの想いがあったからこそ、素敵に生まれ変われたんだよ"という事実も、しっかり教えてあげたいものです。

一棟貸し切り！

夜は少しミステリアス

絵になる朝ごはん

木屋旅館
一日1組限定・一棟貸し切りの宿。料金は、施設利用料が2万1600円、宿泊料は1人5400円（朝食付き）。
📍愛媛県宇和島市本町追手2-8-2
http://www.kiyaryokan.com／

1 こういうちょっとしたところにまで美意識が行き届いた館内。2 夕闇に浮かぶ屋号。外観は、建設された1911年当時の雰囲気をそのまま残しています。3 廃業後そのままになっていた建物を、2011年に永山祐子さんのデザインでリノベーション。4 夜の『木屋旅館』は、窓からこぼれる色とりどりの光が幽玄な美しさ。5 照明はひと部屋ずつ自由に変えられるシステム。これは子どもも絶対に楽しいはず。6 随所にアクリルやモルタルなどの異素材を組み合わせて。古き良き細工と現代的なデザインが見事に同居。7 軽い朝食は用意してくれます。近くのお店のパンで作ったサンドイッチに、淹れたてのコーヒー。

大自然に、世界の名建築、まだ見ぬ奇観に会いに行こう

TAKE A STROLL
さまようからこそ、発見がある！

　　　　　日本国内での旅行は積極的に歩いて、積極的に迷子になる主義(笑)。これは安全な日本だからこそできることだと思います。子どもと歩きながらの「次はあっちに行ってみようか」なんて会話も冒険家になったみたいで楽しいし、新しい発見は子どもに喜びと自信を与え、好奇心を育てます。古い映画の中を旅しているような感覚になれる街・宇和島での迷子、オススメ。

自分の足で見つけた場所は特別になる／失敗やハプニングこそが最高の経験！

多賀神社
行く先々で「行った？」と訊かれるものだから……！　何も知らずに行くと胸がいっぱいになっちゃうので要注意。子どもに偏見なく文化を理解させる上では、あり？

📍愛媛県宇和島市藤江1340
http://www.geocities.jp/taga_shrine/

宇和島城
国内には天守閣が現存する城が12しかなく、宇和島城はそのうちのひとつ。貴重です。天守閣からは宇和島のレトロな街並みを一望できます。

📍愛媛県宇和島市丸之内1

みなとオアシスうわじま きさいや広場(道の駅)
さまざまな食品がずらっと並んだ光景は、なんだか海外のスーパーよりかっこよかった。食事もできるので(美味！)、ランチがてら行くのが正解。

📍愛媛県宇和島市弁天町1-318-16
http://www.kisaiyahiroba.com/

山田屋まんじゅう 本店
お店の佇まいも素敵な、老舗の和菓子屋さん。商品の種類はただ1つ、小豆まんじゅうのみ。かの吉田茂元首相も愛した逸品。

📍愛媛県西予市宇和町卯之町3-288
http://yamadayamanju.jp/

Aromahouse Leaf
宇和島に向かう列車の窓から偶然見つけた、アロマと雑貨のお店。宇和島でゆったり美味しいコーヒーが飲みたいならここ。

📍愛媛県宇和島市天神8-7
http://www.aromahouse-leaf.com/

開明小学校
明治初期の建物で昔の学校生活を体験できます。大人になって初めての学校ごっこ、楽しかった！　隣接している宇和民具館もおすすめ。

📍愛媛県西予市宇和町卯之町3-109

FIELD TRIP

作るところを見て、それを食べる

　昔ながらの製法を守っている老舗の食品メーカーを突然訪問して、製造過程を見せていただくことに。極上の社会科見学であり、貴重な食育体験です。『井伊商店』は麦味噌屋さん、『宇和ヤマミ醬油』はその名のとおり醬油屋さん。身近な食材だから、子どもたちも興味津々。「昔の人は、どうやって作り方を思いついたんだろう」「できたてって、手作りってこんなに美味しいの!?」などなど、驚きと発見がいっぱい。そう、手をかけて作ったものは美味しいのよ。

井伊商店

昭和33年創業の麦味噌屋さん。現在のご主人は3代目ですが、96歳になる初代もまだ現役なのだとか！　その日の出来たてをいただくと、塩味まろやかでほんのり甘かった。美味。
📍愛媛県宇和島市鶴島町 3-23
http://iimiso.com/

1 麦味噌の製造工程のひとつ、蒸した麦に麴菌をまぶす「種付け」の段階の大豆。愛媛県は「はだか麦」の生産日本一。 2 お話を伺った井伊友博さんは3代目。御年96歳の初代にも会いたかったー！ 3 お味噌汁はもちろん、豚肉を漬けたり、蒸しパンに練り込んだりと多方面で大活躍。

4.5 伝統の製法、昔ながらの蔵を、今も守り続けるのは西予市界隈ではここだけ。お店のある一帯は古い建物が多く残り、「重要伝統的建造物群保存地区」に指定されています。 6 宇和海産のウニを使った「うに醬油」は超絶品。卵との相性が最高！　電話で配送もしてくれます。

リピート決定な美味しさ

宇和ヤマミ醬油

大正時代から続く醸造蔵。豊富な地下水を使い丁寧に作られたお醬油は、どんなに高い市販品でも満足できなかった私が驚愕した美味しさ！ 📍愛媛県西予市宇和町卯之町 3-179-2

宇和島までは、松山から電車で約1時間半。そのひとつ手前の卯之町で途中下車。素敵な古い建物が多く残るエリアです。

本格派レストランで味覚好奇心を刺激する／世界中に"またね"を拡散。友だちこそが人生の財産だから

SO DELICIOUS!
街一番の食事をいただく

この場所で 47年やってます

インスタで「#宇和島」をひたすら検索して辿り着いたのがここ。宇和島の鮮魚と粋な昔話を堪能するのに最適！ コストパフォーマンスも素晴らしく、東京ではなかなかお目にかかれない生サバの握りも。

鮨ちちぶ
宇和島で獲れた新鮮な魚に加えて、ご主人の粋な昔話も堪能できて、お腹いっぱい。お任せで一人5000円という良心的な価格設定も嬉しい。
📍愛媛県宇和島市中央町1-9-18

『木屋旅館』に夕食が付かないのは、「宇和島の街で美味しいお店を見つけて欲しい」という思いも込められているから。その考え方、大賛成！ その街を知るには食べ物が一番、地元の方とのおしゃべりが一番。そして"地元の美味しい店"には、不思議と知識人が集まってくるものです。食事中の会話は、距離がすぐに縮まるところもいい。『鮨ちちぶ』のご主人の昔話、面白かったな。粋な大人は子どもたちの生きたお手本！

宇和島名物の鯛めしならここが間違いない！と地元の人も太鼓判。"究極の卵ごはん"と評する人も多いそう（右）。他に鯛そうめん、丸ずし（左）、亀の手などなど、宇和島ならではの"うまいもん"が勢揃い。

ほづみ亭
JR宇和島駅から徒歩5分ほどの距離にある人気店。鯛めしをはじめとした宇和島の郷土料理をいただくならこちら。
📍愛媛県宇和島市新町2-3-8

HEARTWARMING
人々のあたたかさに触れる

世界中に「またね」を拡散。友だちこそが人生の財産だから／旅をしながら交渉術、妥協力を身につける

どこから来たーん？

だんだん畑
じゃがいもを栽培。かなりの急勾配に見えるけれど、実際登ってみると意外と緩やか。宇和島港から出ている観光船「あさかぜ」に乗って行くのが一番。
盛運汽船
http://www.seiunkisen.co.jp/

梶原水産
前夜に「鮨ちちぶ」で出会った梶原さん、浦部さんのご厚意で、漁船に乗せていただき見学した鯛の養殖場。愛媛県は鯛の養殖日本一。お話も色々驚くことだらけでした。

漁船に乗せてもらいました

　宇和島の人たちは本当に気さく。誰もが笑顔で「どこから来たん？」と声をかけてくれるし、子どもたちもみんなが「こんにちは！」。道の駅の食堂ではあれもこれもと食べきれないほどの料理が出てきました。この山と海の見学も、前夜に『鮨ちちぶ』で出会ったお二人により実現したものだったり。外から来た人をいつでもあたたかく迎えてくれる"おもてなし"の心。日本人として大事なことを再確認した旅でした。

金〜土曜日で楽しむ
1泊2日の
STAYCATION

「自分の街を
もっと好きになる旅」

「STAYCATION」とは「Stay」と「Vacation」からなる造語で
"自分の住む街に泊まって休暇を楽しむ"という意味。
私はSTAYCATION大賛成！
自分の街を知り、興味を持つことは、
ひいては"街をより良いものにしよう！"という思いにも繋がるはずだから。
探索に選んだのは、東京の東側。娘の学校が終わった金曜の夕方から
翌土曜日までをたっぷり遊び尽くすプランで行ってきました。

DAY 1 ; Friday

夕方からでも学べるスポット・美食・クリエイティブな宿

　私たちにとっては、東京の東側へのお出かけはちょっとした遠征気分。せっかくだから、清澄白河のホテルに着く前に少し楽しんでおきたい！という紅の欲望を満たすべく、上野の巨大ミュージアムに寄り道。知的好奇心を刺激したら、清澄白河の老舗で夕食、そしてホテルへ。母娘の濃密な、花金の夜です。

自分の足で見つけた場所は特別になる / 食わず嫌いは人生損だよ

16:30 SPOT 1 国立科学博物館
中央ホールの天井が素敵なんです
撮影協力：国立科学博物館

19:30 SPOT 2 割烹 みや古
タイムスリップしたみたい！

立ち寄らずにはいられないのがミュージアムショップ！恐竜好きには興奮を抑えられないラインナップです。

ホテルにGO!

EAST TOKYO SPOT **1**

親子一緒に楽しく学べる巨大ミュージアム

国立科学博物館

　娘たちが2〜3歳の頃から通っていて、今でもずっと大好きな場所。上野公園内にある広大な「国立科学博物館」、我が家のイチ押しは「地球館」。体験型の展示もあり、とにかく見どころがいっぱいです（中でも床がガラス張りになった哺乳類の剥製コーナーが最高）。「カモノハシは肛門、生殖器、尿道が全部同じ穴なんだよ」などなど、館内を巡りながら親子で豆知識を披露し合いつつ、学んで、驚いて、有意義。じっくり見るなら丸一日は覚悟が必要です。

> 常設展示の入館料は620円、高校生以下無料。各種割引や特典がつく「リピーターズパス」は年会費1500円(オススメです！)。金・土曜は20:00まで開館（入館は19:30まで）。
> 📍東京都台東区上野公園7-20　 http://www.kahaku.go.jp/

EAST TOKYO SPOT **2**

江戸の風情あふれる、創業大正13年の老舗

割烹 みや古

　まずはお店の雰囲気に大感動していた紅。お手洗いまでの廊下も冒険気分だそうで、「電車に乗って330円で来れる場所とは思えない」とのこと。まるでカステラみたいにほっかほかの厚焼き卵や、初めて見るどじょうの唐揚げにも興奮。深川めしの天ぷら御膳にいたっては、「どこから何から食べたらいいかわからない〜」と嬉しそうにニタニタ。「迷い箸やめなさい」と母(笑)。都会に暮らす子どもが下町文化に気軽に触れることのできる、貴重なお店です。

> あさりの出汁でふっくら炊き上げた深川めしを始め、深川の郷土料理が堪能できる、創業90年を超える老舗割烹。伝統と歴史を感じる広い座敷と、キビキビとした接客が心地良い。
> 📍東京都江東区常盤2-7-1

大自然に、世界の名建築、まだ見ぬ奇観に会いに行こう

STAY
SPOT 3 LYURO 東京清澄 -THE SHARE HOTELS-

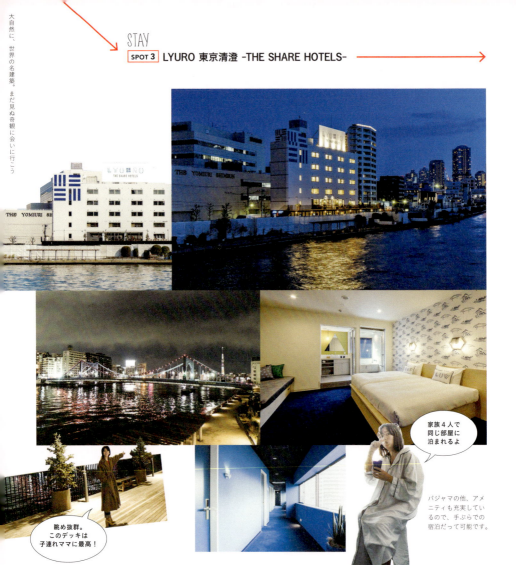

眺め抜群。このデッキは子連れママに最高！

家族4人で同じ部屋に泊まれるよ

パジャマの他、アメニティも充実しているので、手ぶらでの宿泊だって可能です。

EAST TOKYO SPOT 3

隅田川の水辺に建つリノベーションホテル

LYURO 東京清澄 -THE SHARE HOTELS-

トータルディレクションを手がけた佐藤可士樹さんは私が尊敬するクリエイターの一人。それだけでも絶対に泊まりたくて！（笑）'80年代ポストモダンを取り込んだ内装は、どこもかしこもフォトジェニック。川に面した長さ44mのデッキ「かわてらす」から望める夜景はスーパーロマンティック。この夜景はなんと、湯船に浸かりながら眺めることもできます。THE 開放感！ テレビのないシンプルなお部屋で好きな音楽をかけながら、ベッドの上におやつを広げて読書＆カードゲーム三昧。一つの部屋で家族が一緒に過ごす、そういう時間って、ときどき大切。

隅田川と日本橋川の水辺の有効活用と地域活性化を目的に、東京都が進める「かわてらす」事業の4例目として2017年4月オープン。客室は1、3階がドミトリーとバンクルーム、4階以上はビューバス付きの個室。個室は全23室。

📍東京都江東区清澄1-1-7　https://www.thesharehotels.com/lyuro

DAY 2 ; Saturday

EAST東京のオイシイところ、ぜーんぶ体験させます

カフェとアートの街として急成長した清澄白河をメインに、神楽坂、飯田橋方面にも足を延ばす2日目。老舗の雑貨屋さんから新進気鋭のショップ、ドラマにもよく使われるムーディなレストランに陶芸体験まで、バリエーション豊かに見学&吸収。イイトコ取りで欲張りな休日は、朝早起きしてスタートです。

8:30
SPOT 4 iki ESPRESSO TOKYO
朝は糖分♡
朝からボリューム満点です

9:45
SPOT 5 旧東京市営店舗向住宅
歴史的建造物の良さ、子どもに伝えましょう
信号を渡ってSHOPPINGスタート!

EAST TOKYO SPOT 4

AM8:00から賑わうフレンドリーなカフェ

iki ESPRESSO TOKYO

「LYURO」をチェックアウトして歩くこと8分、朝ごはんを食べに来たのがここ。いつでも全てのメニューがいただける嬉しいシステムで、朝からパスタも注文可。紅はホットチョコレートにご満悦、エッグベネディクトもパンケーキもラザニアも、どれも美味しくてボリュームも満点。元工場をリノベーションしたという内装もスタイリッシュで、一日のスタートには最適なお店。近所の人たちのコミュニケーションの場として朝から賑わっていました。

朝夜を問わずいつでも豊富なフードメニューを提供するオセアニアンスタイルのカフェ。2016年1月創業。現地で主流のエスプレッソベースのコーヒーの他、アルコールも楽しめる。
📍東京都江東区常盤2-2-12　https://www.ikiespresso.com/

EAST TOKYO SPOT 5

清澄白河を代表するヴィンテージ建物を堪能

旧東京市営店舗向住宅

古い建物が無条件に大好きで、世界中のどの街でも必ず言っていいほど見に行く。子どもたちがその良さに気づくのは、もっと先かもしれないけれど、味のあるものは見せておきたいと思っていて。これは、関東大震災後の復興事業の一環として1928年に建設された全長約250mの長屋で、なんと今も現役。古きと新しきをMIXして時代に合うように活用するっていう考え方、すごくいい。日本がこれから目指すべき道はそこだ!って思いますね。

鉄筋コンクリート造りの長屋で、築90年となる今も現役の店舗付き住宅。1階の車庫部分もリノベーションされ、おしゃれなカフェやショップが多数入居している。
📍東京都江東区清澄3-3

清澄白河をブラブラさんぽ

10:00 SPOT 6 江戸みやげ屋たかはし

駄菓子ってトキメキ〜♡

お土産屋さんというよりは駄菓子屋さんのような雰囲気で、駄菓子、手ぬぐいなどの他、懐かしいおもちゃもいっぱい。

30年間、年中無休でかぶってます！

10:30 SPOT 7 青葉堂

11:00 SPOT 8 TEAPOND

紅茶一筋！のご店主

パリの『デロール』のもの！旅はつながっていきます

お土産って喜ぶ顔を想像しながら選ぶのよ

小さくて可愛いものがいっぱい

EAST TOKYO SPOT 6

心あたたまる"おもてなし"に大人も子どもも感激

江戸みやげ屋たかはし

チョンマゲカツラ姿のご主人が明るく出迎えてくれる人気店。心躍るのが駄菓子と一緒に並ぶベーゴマ、南京玉すだれなどの懐かしいおもちゃたち。しかも、ご主人と奥様が手取り足取り遊び方を教えてくれるんです。それが心から楽しくて、私も終始笑顔。オリジナルの佃煮や深川めしの素は絶品なので、お土産に是非。

> 創業30年、駄菓子や玩具など「江戸」をテーマにした昔懐かしいアイテムを揃える。ご主人夫婦の人柄に、海外にもファン多数。
> 📍東京都江東区三好1-8-6
> http://www.edomiyageya.net/

EAST TOKYO SPOT 7

お土産探しに最適な手造りのうつわ屋さん

青葉堂

『江戸みやげ屋たかはし』のすぐお向かいにある、うつわと小物のお店。2010年にオープン。全国各地から、店主が独自の視点で買い付けて来るうつわは、手頃な価格帯が多いのも嬉しい。おかめのおちょこを見て、また紅が豆知識を披露。「美人は"大きい羊"と書くの。つまり昔はふくよかな人が美しいとされてたってこと！」

> 和食器を中心に、今の暮らしになじむ手造りのうつわを揃える。有田、瀬戸、美濃など産地はさまざま。また個人作家のものも。
> 📍東京都江東区白河1-1-1-1F
> http://aoba-do.com/

EAST TOKYO SPOT 8

古き良き薬局のような小さな紅茶専門店

TEAPOND

まるでヨーロッパの古い薬局のような素敵なインテリアに惹かれて入ったこちらは、紅茶一筋のご店主が営む小さな紅茶専門店。茶葉は、どこの産地で何年に摘まれたものか、など細かく分類されていて、なんだかワインを選ぶような感覚。ハマっちゃいそうです。パッケージも可愛くて、デザインはオリジナルだそう。

> 2010年に世田谷で創業し、2014年に清澄白河に店舗オープン。茶葉のほか、ティーポットなど、おしゃれな茶器の取り扱いも。
> 📍東京都江東区白河1-1-11
> http://www.teapond.jp/

自分の足で見つけた場所は特別になる／世界中に、"またね"を拡散。友だちこそが人生の財産だから

11:30
SPOT 9 カトレア

"元祖"と呼ばれるものは必ず経験しておきたい！

2〜3個はいけそうです

12:00
SPOT 10 しまぶっく

子どもも古本選びが上手になってきました

欲しい本、発見！

12:30
SPOT 11 木場公園

買い物ばかりじゃ飽きちゃうし

圧巻の木場公園大橋

食わず嫌いは人生損だよ／世界中に「またね」を拡散。友だちこそが人生の財産だから

EAST TOKYO SPOT 9

元祖カレーパン、
伝統の味をいただきます

カトレア

創業140年の超老舗パン店。行列ができると有名な元祖カレーパン（180円）は、野菜の甘みを感じる懐かしい味わい、美味！　そして今回は店主の粋な計らいでカレーパンを揚げる工程を見学させていただきました。揚げたてが次々に店頭に並び、瞬く間に売れて行く様子は壮観！

朝は7:00（日・祝は8:00）より営業。カレーパンは辛口もあり、アツアツの出来たてが並ぶのは7:00、11:00、15:00の1日3回。

📍東京都江東区森下1-6-10

EAST TOKYO SPOT 10

こちらの古本屋さんは
児童書のセンスが良い！

しまぶっく

書店を見つけたら立ち寄らずにはいられない！　特に古本屋は、私にとってはさながら宝島。本にもう一度命を吹き込む感覚が、好きなんですよね。ここ『しまぶっく』はアートから文芸、さらに絵本や児童書まで、さまざまなジャンルの本が並び、親子がそれぞれ楽しめるお店です。

書店員を20年務めた店主が、その知識と経験を生かし2010年にオープン。清澄白河の古書店のなかでは草分け的存在。

📍東京都江東区三好2-13-2

EAST TOKYO SPOT 11

子どもは公園が
とにかく大好きなので

木場公園

街をぶらぶら散歩、大人はそれだけで十分楽しいけど、子どもはそのうち必ず飽きてくる。そんな時は公園です。『木場公園』はアスレチックがあるのが子連れママ的には最大の魅力。一緒に遊ぶのもなかなか楽しいです。公園の北側と南側を結ぶ木場公園大橋も、ぜひ渡ってみてくださいね。そこからの眺めが最高なので。

BBQ広場や野外ステージ、ドッグランなども保有する広大な公園。隣には「東京都現代美術館（改修工事中）」も。

📍東京都江東区平野4-6-1

食わず嫌いは人生損だよ／旅をしながら交渉術・妥協力を身につける

引き続き、月島＆神楽坂をブラブラと

月島って来るだけで楽しいね♡

まずは看板メニューからいただく派です

人気の「わらしべスペシャル」(1580円)にお餅をトッピング(150円)。「豚カレーベビースター」(930円)も美味しかった！

13:30
SPOT 12
月島もんじゃ
わらしべ総本店

14:30
SPOT 13
香舗 椿屋

神楽坂のお気に入り店です

伝統的なものほど新鮮に感じるから

ボートは楽しいけどハード！

鯉の餌やりに夢中です

15:00
SPOT 14
カナルカフェ

EAST TOKYO SPOT 12
東京のソウルフードを
食すなら、本場・月島で

月島もんじゃ わらしべ総本店

お昼ごはんに選んだのは、我が家の大好きなもんじゃ。どうせなら聖地で食べたいということで、月島へ。お邪魔したこちらは、席がテーブルごとに区切られているので子連れにはベスト。店員のお兄さんに効率よく確実におこげの部分をいただける"目うろこな焼き方"を教わり、もんじゃスキルが一段アップした私なのでした。

近くには「二番街店」もあり、こちらは飽きてしまった子どものための絵本の用意も。

📍東京都中央区月島1-9-8
月島もんじゃストリート一番街
http://www.monja-warashibe.jp/

EAST TOKYO SPOT 13
日本の香りの"品格"を
子どもとこそ共有

香舗 椿屋

子どもたちが小さかった頃、週末のたびにガイドブックから行きたい場所を選んで電車の乗り方や切符の買い方を教えながら、東京観光をしていました。彼女たちがリピートしたがったのが神楽坂。『椿屋』さんもマスト。線香や匂い袋、箪笥香など、伝統的でありながら現代の生活では新しく感じられる香りのアイテムが揃います。

全国各地から集めた和の香に、江戸扇子などの工芸品、個人作家による和小物なども。香道の一日体験なども不定期で開催。

📍東京都新宿区神楽坂3-6-10

EAST TOKYO SPOT 14
鯉の餌やりにボート漕ぎ、
楽しい遊びも大充実！

カナルカフェ

お天気の良い日はテラスが最高。中でも、眩しいほどの西陽がさす夕方が個人的にはオススメ。きらきらと光る水面もロマンティックです。ビールとピザに舌鼓を打ったら、ぜひトライして欲しいのが子どもとのボート。水の重みが加わったオール操作は至難の業で、行きたい場所に行けず、悪戦苦闘で大笑い！　いい時間でした。

客席はレストランサイドとデッキサイドに分かれており、デッキサイドはペットも可。ボートは1～3人乗りで40分1000円。

📍東京都新宿区神楽坂1-9
http://www.canalcafe.jp/

16:00
SPOT 15
陶房 江戸遊

旅の締めくくりは一日陶芸体験！

世界中に「またね」を拡散。友だちこそが人生の財産だから

悩みながら作る母……

どんどん進む娘の創作！

教えてくださった柄澤先生。また会いたい人が増えました♡

素焼きが完成していました

旅のあとも、お楽しみは続きます

色付け後、本焼きへ

出来上がり！

EAST TOKYO SPOT 15
作って、使って。
素敵なお土産ができました
陶房 江戸遊

「お皿という小さな世界に自分らしさを表現することができました！」とは、紅の台詞。STAYCATIONの締めくくりは、小さな陶芸教室での一日陶芸体験。陶工の柄澤先生に教えていただきながら、「何を作ろうか」と迷いに迷う母の横で、どんどん作り進める紅。子どもって自由奔放な発想で一心に取り組むんですよね。その感性、大事にして欲しいなと改めて。成形と模様付け、乾燥＆素焼き、色付け後に本焼きをしてようやく完成。これでもか！というほどに模様がつけられた紅のピンク×グリーンのお皿がウェブ家のお気に入り。いい思い出になりました。

東京の中心部にある珍しい窯元で、手作りにこだわった作陶を続ける。一日体験は8コースあり、ウェブ母娘が体験した板皿（2枚）体験コースは全3回5000円。
📍東京都千代田区飯田橋3-4-3 エレガンス飯田橋1F
http://www.fv-c.com/

「豊かなデザインに触れる旅」

デザイン大国、デンマーク。今回訪れたのは、その首都コペンハーゲン。
家具やインテリア、街並みに加えて、社会までもが豊かにデザインされていて、
とっても心地良い。街全体が"機能美"で構成されている感じ。
ここはきっと、今後の日本がお手本にするべき
"サスティナブルな社会"を世界で一番実現できている場所。
大きくなったいつの日か、この旅を思い出して
「もう一度コペンハーゲンに学びに行きたい」って言ってくれること、願ってます。

自分の足で見つけた場所は特別になる／大自然に、世界の名建築。まだ見ぬ奇観に会いに行こう

HYGGE STYLE
"ヒュッゲ"な街の奥深さを教える

コペンハーゲンに行く前に、子どもにデンマーク語の"ヒュッゲ"という言葉について話しておくと良いと思います。これは"人と人のふれ合いから生まれる、あたたかで居心地のいい時間"という意味。デンマークの冬は極寒で、家で過ごす時間がとても長い。そこで人々は"ヒュッゲ"の精神のもと、社会や生き方、人との関わり方までをも豊かにデザインするようになっていきました。現実社会におけるつながりを大切にしている国です。

初めてのグラフィティ体験

1 まるでびっくり箱のようにライトアップされた色鮮やかな映画館は、デザイン大国デンマークの街では序の口。2 クロンボー城のルーフトップからの眺め。建物の高さに厳しい制限があることが窺えます。3 『ミッケラー』の店前にあるハートのスカルプチャーは、どこかのアーティストが無許可で設置したもの。なので誰でも自由に落書きOK。この街は本当に寛大です。街の中のアートすら、寛大。

MANON LES SUITES

WOW！な空間に泊まる

大自然に、世界の名建築。まだ見ぬ奇観に会いに行こう

まるで常夏！

**Manon Les Suites
（マノン・レ・スイーツ）**
コペンハーゲン中央駅から約1kmの距離にあるデザイナーズホテル。チボリ公園なども徒歩圏内で、観光にも便利。
Gyldenløvesgade 19,
1600 København V
https://guldsmedenhotels.com/manon-les-suites/

　宿泊もエンターテイメントのひとつとして楽しむ主義。デザインの街ということで、ホテル選びにも気合が入りました。回廊のような建物の中心はガラス天井になっていて、その下には中庭とプールが。紅は中庭に出た瞬間、「Wow！」。その感動をもう一度味わいたいと、エレベーターホールに戻ったほど（笑）。センスの良いものはたくさん見せたいので、このホテルは大正解。

1 朝食の前にひと泳ぎする紅。冬のコペンハーゲンにいながら、このホテルはまるで南国！　2 朝食はビュッフェスタイル。地産地消とオーガニックにこだわったお料理がずらり。3 屋上はウッドデッキになっていて、高いビルのないコペンハーゲンの街の眺めは最高。4 お部屋は木のぬくもりが感じられるインダストリアルなデザイン。日本の最高級ホテル並みに揃ったアメニティはすべてオーガニック！

自分の足で見つけた場所は特別になる／大自然に、世界の名建築。まだ見ぬ奇観に会いに行こう

THE GRAND TOUR

船旅で"興味を持つ力"を育てる

"ヒュッゲ"なコペンハーゲンの街を楽しむのにオススメなのが観光船。運河を進みながら、歴史的建造物にアバンギャルドな建物など、新旧のデザインを一気に巡ることのできる船旅は、とても効率的な社会科見学。運河クルーズのイヤホンガイドには日本語もあり、子どもも理解が深まれば興味を持って見てくれるはず。何事も興味があれば楽しいし、身になる！ 楽しみながら学ぶことを日常にしたいものです。

1 運河を進む船からの景色は、まるで映画のワンシーンのよう。2 コペンハーゲンの街は銅像だらけ！ 3 バロック様式のフレデリクス教会は1894年完成。4 ヘニング・ラーセンが手がけた新オペラハウス。5 黒光りしているこちらはデンマーク王立図書館。6 今回の運河クルーズは、1時間乗りっぱなしの"グランドツアー"に参加しました。

コペンハーゲン・カナルクルーズ
ガムルストラン〜ニューハウン間の運河ツアーで、どちらからも乗船可能。料金はグランドツアーで大人80DKK（約1400円）、子ども（6〜15歳）40DKK（約700円）、5歳以下無料。チケットはウェブから予約でき、日本語サイトも多数。

コペンハーゲンの街ってカッコいい！

COOL RESTAURANTS
イケてるお店はぬかりなく♡

　パリ同様、情報感度が高い街を巡る際は、旬なお店を必ずチェックします。美食の都・コペンハーゲンでは、食にまつわる最新スポットを網羅。最近では、新しい文化が食の分野から生まれるということも少なくなく、そんな世界的なトレンドを牽引するのがここ、コペンハーゲンというわけなんです。この街だからこその卓越したフード事情を探るべく、新進気鋭の3店舗に早速行ってきました。

Coffee Nerd（コーヒーオタク）と呼ばれるコーヒー好きたちが、こぞって通う店がここ。風味豊かなコーヒーに加えて、"ドリームケーキ"も必食。ココナッツ風味のしっとりとしたホットケーキでデンマーク人のソウルフード。

PROLOG Coffee Bar（プロログ・コーヒー・バー）
それまで本屋だった場所に2016年にオープン。コペンハーゲン中のコーヒー好きが集う、ハイセンスなコーヒーショップ。
Høkerboderne 16, 1712 København V
https://www.facebook.com/prologcoffeebar/

コーヒーオタクが集う店

チョコレート好きなら、ここは行くべき！　新進気鋭のショコラティエが手がける、今、大注目のお店です。目玉はトマトやラズベリーなど地元の食材を使ったフレイバー・チョコレート。伝統的なチョコ菓子なども、素晴らしく美味。

日本でも大人気、クラフトビール界のカリスマ、ミッケル・ボルグのブルワリーが経営するバーでビールが飲めるなんて最高です。ラベルやロゴデザイン、店舗内装もグッドセンス。子どもにはそちらを体験してもらい、私はビールで一息。

Mikkeller Bar（ミッケラー・バー）
世界中にファンを持ち、グルメな人たちからも高く評価されているデンマークのブルワリー『ミッケラー』の直営バー。
Viktoriagade 8 B-C, 1655 København 1655
http://mikkeller.dk/

ANKER（アンカー）
ミシュランレストランでも経験を積んだ注目のショコラティエ、ミケーレ・アンカーのチョコレートブティック。
Godsbanegade 17, 1722 København V
https://www.ankerchokolade.dk/

FOODIE DELIGHTS
美味しいモノへの愛は偉大

今や世界中の美食家が集まるミートパッキングエリア。ですが、実は一度、このエリアは荒廃の危機にありました。復活のきっかけは"食"。昨今のデンマークでは、シェフはロックスターのような存在で、世界的に有名なシェフになりたいと夢を抱く若者がこの地に住み始めたことを機に、見事トレンディなエリアとして復活したんです。食が盛り上がると、人が元気になって、国全体が盛り上がる。この国を見ているとそんな風に感じます。人が生きていくために必要な"食べる"という行為に夢を持つのは素晴らしいことだなって。

センス抜群のカジュアルレストラン

ギャラリーみたいな外観

1.3 その日のメニューからベストなものを選りすぐった"paté paté experience"というコースをオーダー。私たちのお気に入りはビーツ料理。2 おしゃれな外観に加えて、接客の際に「どの言語がいいですか？」と聞かれたことにびっくり＆感動。なんて寛容でクールな接客！

PaTé PaTé（パテパテ）

フレンチ、スパニッシュ、モロッカンのフュージョン料理を提供。平日はam9:00、週末と祝日はam11:30から営業しており、朝食やランチも人気。
Slagterboderne 1, 1716 København V
https://www.patepate.dk/

美味しいお肉料理が食べたいなら

このコロッケ絶品♡

1 看板メニューはオープンサンドイッチ。19世紀の産業革命以降、今のような形になったのだとか。 2 私が大好きだったのがポークコロッケ。口に入れると想像以上の肉々しさ！ 3 豚肉が美味しい。どんぐりを餌に放し飼いで育てられたオーガニックポークを使用。

FLEISCH（フライシュ）

60％オーガニックのカジュアルレストラン。豊富な肉料理とデンマークの伝統料理がいただける。
Slagterboderne 7, 1716 København V
http://fleisch.dk/

デンマークで唯一の100％オーガニック！

BOB（ボブ）

デンマーク国内では最大規模のオーガニックレストラン。ヴィーガンメニュー、12歳以下の子どもにはキッズメニューも。
Halmtorvet 19, 1700 København V
http://bobbistro.dk/

オススメNo.1は このフムス

1 もとはBOSCHという電機メーカーの店舗で、ファサードはそのまま流用。洒落てます。 2 デンマークはオーガニックにとても厳しく、60％、70％というようにランク付けされている。100％オーガニックはとてもレア。キッズフレンドリーなのも嬉しい限り。

GERANIUM

三ツ星レストランで食育の総仕上げ

事前に連絡し、11歳の娘と一緒に行っても大丈夫か聞いてみたところ、二つ返事でOK。少し緊張しながら訪れた『ジェラニウム』は、驚くほどフレンドリーな雰囲気でした。全員が心から楽しそうに働き、そして愛に満ちた料理を提供してくれる。ハートで美味しいと感じさせてくれる、最高の食のエンターテイメント！　こんな風に人を感動させる仕事があるんだよってこと、紅に伝わったら本望です。

1 記念撮影は、すべてのお客様に対して行われるサービス。2 シェフハットにはシェフ全員のサインとメッセージが。3-6 革新的な料理が次々と登場。スタッフが一つ一つ丁寧に説明してくれます。7 驚くほど気さくかつ一流のホスピタリティ、感動。8 無駄のない動き。オープンキッチンはまるで舞台のよう。9 エレガントなインテリア。10 食後はキッチンやワイナリー、食材庫を見学させてくれる。11 見て、学んで、感じて楽しめる三ツ星レストランに紅も大満足。こんな経験をしたら、きっと誰でもスーパーシェフに憧れるはず。

Geranium（ジェラニウム）

ミシュランガイドでは三ツ星を獲得、2017年の「世界のベストレストランランキング50」でも19位に入った超高級レストラン。
Per Henrik Lings Allé 4, 8.DK-2100 København Ø
http://www.geranium.dk/

お土産には、みんなで共用できる物を買う。
リビングのソファに置くクッションはメコン川クルーズで。
バスルームの壁に飾った牛専用のネックレス、カウベルはカンボジアから。
私にとって一番危険なお買い物天国はマラケシュ。
空っぽのスーツケースを持って再訪しなくちゃと思っている。

TRIP with KIDS

10

「おおらかさを身につける旅」

言葉を失うほど壮大で幻想的な景色に、
じんわりセンス良く暮らす人々、キッズフレンドリーな社会。
初めて訪れたアイスランドはとても懐の深い国でした。
「小さなことは気にしなくていいんだよ、でっかくいこうよ」って
言われているみたいだったな……。物事をおおらかに捉え、広い視野を持つことは、
これからの子どもたちに必要なスキル。アイスランドはそれを
インストールさせてくれる国。遠くても行く価値100％！

ICE

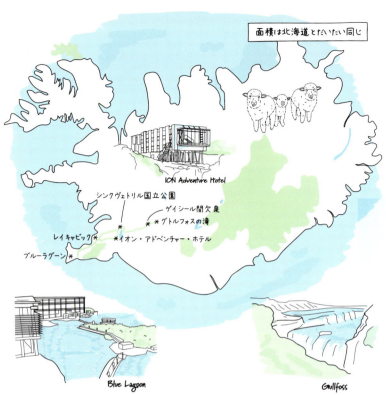

面積は北海道とだいたい同じ

ION Adventure Hotel
シンクヴェトリル国立公園
ゲイシール間欠泉
グトルフォスの滝
レイキャビック
イオン・アドベンチャー・ホテル
ブルーラグーン

Blue Lagoon

Gullfoss

キャタピラーみたい

> **ION Adventure Hotel（イオン・アドベンチャー・ホテル）**
>
> 世界屈指のデザインホテルで、アイスランド郊外の中でも特にオーロラが多く観測できるエリアにある。45の客室にレストラン、スパ、温水プール、ラウンジを併設。
>
> Nesjavellir við Thingvallavatn 801 Selfoss
> http://ionadventure.ioniceland.is/

ION ADVENTURE HOTEL
とっておきのホテルリストを確保する

　アイスランドに来た一番の理由は、ここに泊まりたかったから。古い宿泊所を景観になじむようリノベーションし、2013年にオープンした世界屈指のデザインホテルは、間欠泉から供給される地熱と温水を利用し、インテリアにもリサイクル素材を使うなど、ラグジュアリーでありながらエココンシャス。人をパーフェクトにもてなす機能を持ちながら、センスも環境も保つなんて至難の業。それを見事にやってのけるこのホテル、拍手喝采なクリエーション。そこに実際に宿泊できるなんて、これ以上ない情操教育だもの。

大自然に、世界の名建築、まだ見ぬ奇観に会いに行こう

レストランも極上

1 銀世界に映える超モダン建築。設計を手がけたのはカリフォルニアに拠点を置く『Minarc Design Studio』。2 ラウンジの下には、まさかの屋外プール。3 ディナーは館内のレストランで。地産地消をモットーにしたスローフードは、舌がとろけるような美味しさ。4 ラウンジもヒップなムード。5 水温42〜43℃のプールは、雪景色の中で温泉に入っているような感覚。紅はまつげが凍るか実験中だって（笑）。

107

大自然に、世界の名建築。まだ見ぬ奇観に会いに行こう／自分の足で見つけた場所は特別になる

GREAT OUTDOORS

大自然の美しさに共に言葉を失う

自然が織りなす奇観に圧倒される

どぉーーん

間欠泉とは、地下の水が地熱によって沸騰し、蒸気圧がかかって周期的に噴き上げるもの。高さ30mにもなる蒸気、足元には熱湯が湯気をたてながら流れ、なのに苔にはつららが下がり、辺り一面はずっと霞、空には大きな雲。神秘的な光景が目の前に広がる場所です。

Geysir
（ゲイシール間欠泉）

アイスランドで最も有名な間欠泉。現在は活動が鈍っており、熱湯を噴き上げるのは一日1回程度。周囲一帯が間欠泉群のためあちこちで温泉が噴き出しており、いたるところにアイスブルーの泉や小川が。

Haukadalsvegur, Geysir

"今、地球にいる！"を実感できる場所

公園の西側が北米プレート、東側がユーラシアプレート。ここでは「ギャウ」と呼ばれる大地の割れ目を散歩できるのですが、それがものすごい"地球感"。ユネスコ世界遺産にも登録されています。夏になるとこの一帯は羽毛布団並みに分厚い苔で覆われるのだそう。

Thingvellir National Park
（シンクヴェトリル国立公園）

930年にノルウェーからの移民による民主的な全島集会「アルシンギ」が行われた場所としても有名。これが"世界最初の民主議会"と評価され、2004年に世界文化遺産に登録された。

801 Selfoss
http://www.thingvellir.is/

アイスランドでの観光のメインは、ダイナミックな自然が創出した奇観に出会うこと、そして体験すること。その体験を通じて、喜びや驚きといった感動を共有すれば、親子の絆はさらに強くなるはず。アイスランドの自然の力は言葉にならないほど壮大で、無言であっても、お互いの心が感じていることが同じだと伝わってきます。おおらかな感性で通じ合うことの大切さを発見できるアイスランドの大自然、ぜひ子どもと一緒に体感を。

生きとし生けるもの、すべての幸せを祈り、感謝する

ビョークの写真で有名な青く美しき露天風呂

泥パック

70％淡水・30％海水の広大なお風呂。ビョークのあの写真を真似しようと試みましたが、紅にはそのコンセプト伝わらず（笑）。朝7時から開いているので、サンライズを目指すのがオススメです。真っ白の泥はシリカ＆ミネラルたっぷり、パックすると肌がツルツルに。

Blue Lagoon
（ブルーラグーン）
市内のバスセンターからFlybusかGray Lineのバスで1時間ほど。料金はプランやシーズンで変動あり。入場人数を制限しているため、公式サイトでの事前予約が必須。
240 Grindavik
https://www.bluelagoon.com/

大迫力の轟音と水量を誇る名瀑へ

食堂のシチューがめっちゃ美味しい♡

黄金の滝という意味を持つ「グトルフォス」。アイスランドの滝は、大地むき出しでワイルド。轟々と大きな音を立てて大地の割れ目に流れ落ちる滝の勢いに、すっかり圧倒された様子の紅でした。食堂で注文したアイスランドシチューが絶品だったのも、またいい思い出。

Gullfoss
（グトルフォスの滝）
アイスランドの人々に最も愛されている滝で、幅70m、落差32mにわたって流れ落ちる。グトルフォス＝黄金の滝とは、晴れた日は水煙に虹がかかり、黄金色に輝くことから。
801 Selfoss
http://gullfoss.is/

REYKJAVIK RESTAURANTS

食事を楽しむことは、人生を楽しむこと

アイスランドの人々は肩肘張らずにハイセンスな時間を過ごすのがとても上手。それは食生活にも顕著で、カジュアルなムードなのにお料理レベルはとても高い、そんなレストランが豊富なんです。しかもそのほとんどがキッズフレンドリー！　子どもにも対等な接客をしてくれて、朗らかで豊かな気持ちになります。こんな風に大人も子どももみんな一緒に食事を楽しむことが当たり前になればいいね、なんて紅がささやいていました。

タラのお頭

伝統的なアイスランド料理にモダンなテイストを加えた洒落たメニューが豊富な、今、一番ホットなレストラン。良質でコストパフォーマンスのいい店に与えられる『ビブグルマン』も獲得しています。

Matur og Drykkur（マートゥル・オグ・ドリックル）

タラの加工工場として使われていた建物をリノベーションしたレストラン。2017年にビブグルマンを獲得。夜は8つのコースがあり、うち3つはベジタリアンメニュー。

Grandagarður 2, 101 Reykjavik
http://maturogdrykkur.is

コインランドリーもついてます

日照時間の短いアイスランドでは乾燥機が欠かせず、洗濯に費やす時間も長い。それを、家族で食事しながら楽しく待とうよというのが店のコンセプト。店内にはコインランドリーの他、本棚、プレイルームも。

The Laundromat Cafe（ランドロマットカフェ）

もとはコインランドリーだった場所をリノベーションし、2011年にオープン。レイキャビックのダウンタウン的なエリアにあり、街のコミュニティスポットにもなっている人気店。

Austurstræti 9, Reykjavik
https://www.thelaundromatcafe.com/

世界一のホットドッグ！

1937年創業、レイキャビック名物のホットドッグスタンド。メタリカのジェームズ・ヘットフィールドやクリントン元アメリカ大統領も食したそう。世界一のお味は、私たちには大変オーセンティックでした。

**Bæjarins Beztu Pylsur
（バイヤリン ベスタ ピルスル）**

ホットドッグは国民食、というアイスランドの人々の間で絶大な人気を誇る老舗。キヨスクのような小さな店ですが、時間帯によっては大行列ができることも。場所は移動することが多いので要確認。

自分の足で見つけた場所は特別になる／食わず嫌いは人生損だよ

THE EARTH
人間のちっぽけさに、前向きにすらなれる

貧富の差や価値観の矛盾にぶつかり、幸せの本質を考える

いつか行ってみたいと思い続けるより行ってしまおう！と思い立って本当に良かった。到着した日に見た幻想的な空の色、あの感動は忘れられません。壮大で途方もない景色が360°広がり、小さなことはどうでもよく思えました。大自然の前に人間はあまりに無力で、だから抗うことなく共存させてもらわなきゃダメなんだと実感しました。私の再訪したい国も、やっぱりアイスランド。澄んだ心を取り戻させてくれる国。次はゆっくり車で満喫しに行くつもりです。

こありっぷ的パッキングのコツ、教えます。

旅支度は親子で一緒に。子どもたちに行き先、宿泊するホテル、予定しているアクティビティなどを説明、もしくはインターネットやガイドブックを開いて見せながら一緒にパッキングします。ワクワクが膨らむちょっとしたインフォメーションが子どもは大好き。そうやって旅への期待を膨らませながら、子どもが幼い頃から一緒にパッキングをしていくことで、いつのまにか一人でもパーフェクト・パッキングができるようになると信じて。

トランクは、「GLOBE-TROTTER」の30インチをカスタム。
2016年の自分へのクリスマスプレゼント。パーツの色まで全部カスタムした、
世界にたったひとつのケース。"これで世界を巡ろう"と意気込んで
手に入れた甲斐あり、翌年からこの本の元になった連載が始まりました。

クリス-ウェブ佳子の パッキング３ヵ条

① 家族全員の荷物を同じトランクに詰め込む時は、
子どもの衣類は日ごとにジッパー付きの袋にパッキング。
"持っていきすぎ"を避けられるし、宿に着いた際の仕分けもスムーズ。

② かさばるビーチ玩具や帽子など、現地調達できるものは持っていかない。
現地で買えば思い出にもなるから。

③ 現地で洗濯できる機会があれば逃さない。帰宅後に向き合う現実（洗濯物の山）を
回避するために、ホテルのランドリーサービスやコインランドリー、
もしくは洗濯機付きの部屋を有効利用。洗剤も現地調達！

My Ultimate Travel Packing Checklist

クリス-ウェブ 佳子の旅に必要不可欠なものリスト。

Audio-Technicaの
ノイズキャンセリング オーバーヘッドホン

長時間使用しても耳が痛くならないオーバーヘッドホンが絶対。
なおかつノイズキャンセリング機能があると、
フライト中、映画や音楽を満喫する以外に遮音効果も。

ELECOMの
デュアルジャック変換アダプタ

機内は2本のプラグを差し込むデュアルジャック用に
なっていることも多いため、自分のヘッドホン用への
変換がマスト。音質も良くなります。

SONYデジタル一眼レフカメラα6300

超高速オートフォーカス機能と4K動画撮影で
子どもたちの俊敏な動きを逃すことなく、
決定的瞬間を捉えてくれます。

ノートブック

カンボジアの民芸品店で購入。現地情報を書き込む他、
ちょっとした会話をメモしたり、子どもたちがお絵かきをしたり。書いて、破って、
貼って、挟んで。乱雑ながらも旅の些細で素敵な出来事が詰まった一冊。

トラベルポーチ

「無印良品」の「ポリエステル吊して使える洗面用具ケース」を愛用。
そこに、どの国に行く時も不可欠な11点を収納しています。

☐ ウェットティッシュ　☐ THANK YOUカードセット　☐ ポケットティッシュ　☐ インクペン&ふせん
☐ ミニハンドタオル　☐ 大小さまざまなジッパー付きのナイロンバッグ
☐ ラヴェンダーのポプリ入りアイマスク　☐ マスク　☐ 使い切り目薬　☐ マスキングテープ　☐ 歯みがきセット

What the Girls Pack for a Week-long Trip to Their Favorite Destinations ...

新音と紅が妄想パッキング。行きたい国に何持ってく？

NINON ✈ New York

9月のNYに一人で行くのが夢なの

初めてNYに行ったのは2015年の2月で、体感温度がマイナス22度、本当に寒くて。だから秋の美しい季節に行きたいです。向こうではきっとたくさんお買い物するだろうから、最低限の物だけパッキング。あとは現地調達。ママみたいに。ウィリアム・サローヤンの『ワンデイ・イン・ニューヨーク』を芝生に寝転がって読みたいです。きっと縦横無尽に歩くと思うので、ママと共用している「Hunting World」の軽いショルダーバッグを持って行きます。それから、旅先に必ず持って行くのが『Harry Potter』の第1作目。暗記しているほど全作何度も読んでいるけれど、旅に出るごとに私の"ハリー・ポッター・サイクル"が始まるんです。帰国後に2ヵ月かけて残りの全作を読み直し、サイクルは終わります。ブロードウェイやアメリカ自然史博物館で色々なことを吸収したいので、筆記用具もマスト。私のトランクは「GLOBE-TROTTER」の定番、20インチの「センテナリー」のグリーン。機内持ち込み可能なサイズなので、重宝しています。

絶対に行きたいのはセントラルパーク。

BENI ✈ Iceland

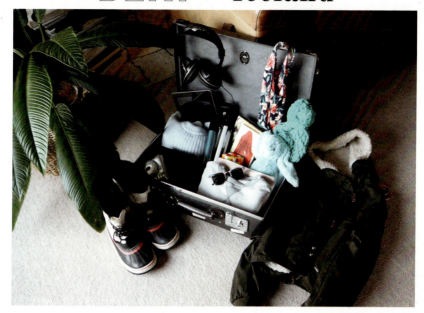

一番行きたい場所は冬のアイスランド！

絶対にパッキングするのは水着とヘッドホン。アイスランドに行くなら、冬でも水着は忘れちゃダメです。ブルーラグーンのためです。ピアノの練習にも使っているお気に入り、「オーディオテクニカ」のヘッドホンも絶対に大事！ 機内のもん。それから、いつも一緒に寝てる違いで5匹いて、みんな連れて行きただけで、この子はコペンハーゲンでテル「Manon Les Suites」から命名しじゃなくてiPad派。最近は『Gossip本も持って行きます。又吉直樹さんのが好きなのでインスタントカメラも持っての21インチ、「ロワイヤル」で、『007』シリーズとのコラボレーションです。一生大切に使います！

イヤホンやヘッドホンは音質が良くないうさぎのぬいぐるみ。色違い・大きさいけど我慢して、持って行くのは1匹見つけたManonちゃん。泊まったホました。私はNINONみたいに読書家Girl』をママと観ています。でも一応、『火花』は読んでる途中。写真を撮るの行きます。私のトランクは「GLOBE-TROTTER」

THE GIRLS' TALK

ガールズ"旅"トーク
「色々あったけど、全部ためになってるよね」

佳子 家族、仕事とたくさん一緒に旅をしてきたけれど、覚えてる？ 紅はすぐ忘れちゃうけど、新音は何でも昨日のことのように細かく覚えているよね。

紅 私が旅行で一番覚えているのはね、バリ！ 見るもの全部がキレイだったの。人がみんな優しくて、怒るのは恥って聞いて、すごいなぁと思ったことも覚えてる。

新音 バリいいなぁ、私が行けなかった旅だ。紅はバリの細かい部分も覚えてる？

紅 ホテルのプールが川みたいに長くて面白かったの。猿がたくさんいるところにも行って、カバンを猿に取られそうになって騒いだのも覚えてる。

佳子 昨日のご飯も忘れちゃうような紅だけれど、旅のことは結構覚えてくれているのね。良かった(笑)。

紅 毎日のことはすぐ忘れちゃうけど、旅行に行った時の、キレイとか面白いとかは色々覚えてるよ。

佳子 新音はタヒチの海に感動していなかったっけ？

新音 そう！ タヒチではクジラとかイルカを見に行って、ダイビングしたよね。あの海、すっごく美しかった。でも波が高くてビックリしたの。

佳子 波がすごく高くて大揺れの中、小さい船でダイビングスポットへ向かっていたのよね。私はあまりの波の揺れに完全にビビッてしまっていたのに、2人はシュノーケルとゴーグルだけつけてポンポン海に飛び込んでいって。あの時はあなたたちの度胸を見直したよ。

新音 波が高いからすごくうるさいのに、中に潜った瞬間すごく静かで、一面が青なの。言葉では言い表せないくらいの、深い深い青。それで、イルカがいるところは、キラキラ光っているの。それがまたキレイだったなぁ。

紅 思い出した！ 私のこと置いていった時でしょう？ 波が高くて思うように進めなくて泣きながら「待って〜」って言ってるのに、みんなは私が笑っていると思って、どんどん進んでいっちゃって。

新音 そうそう。紅、泣いてたんだよね。波が高いし波の音がうるさいから全然気づかなかった(笑)。

紅 サメ、エイ、魚がたくさんいたよね。キレイだったけど、突然ドーンと深くなるところがちょっと怖くて、私は浅いところで泳ぎ方が好きだったな。

新音 そんなことないはず。だって、浅いところにはナマコがたくさんいて、紅は海入りたくないって駄々こねたじゃない！ ナマコはね、自分の内臓を吐き出すことで相手を驚かしてその隙に逃げるんだって。水もキレイにしてくれるんだよ。あまりにもすごい数のナマコがいたから、ナマコについ

2017.8.17 @Tahiti「タヒチの海は青が鮮やかで、本当にキレイだったの」（新音）

て調べたの。

佳子 新音は疑問が湧くと何でも調べるよね。でもプライドが高いから、自分で調べて、人にはあまり聞かないね。紅は聞くことを恥ずかしがらないで、すぐ誰にでも話しかけて聞いちゃう。

紅 私が家族の中では一番英語が苦手だけれど、相手には何となく分かってもらえればいいから、どこからか自信が湧いてくるの。でも話している途中でどうしても困った時は、新音を呼ぶ（笑）。

新音 私は、旅行中は紅のお世話ばかりしてる気がする。でも、紅は写真がうまいから、写真に関しては紅に頼りっぱなし。いい景色に出会ったら、すぐ紅を呼ぶのね。ねぇ、撮って撮って！って。

紅 私もいい景色見たら、すぐ新音を呼ぶ。見せたくて。それから、写真を撮る。私は何でもすぐに忘れちゃうから、思い出に残しておきたいなぁと思った時には写真に残すようにしてるの。

佳子 写真を撮っておけば、あとで新音に写真見せれば細かくエピソードを教えてもらえるもんね。

新音 あと、紅はお気に入りができたら、それが何であろうとリピートしたがる。そのことが、旅に行くとよく分かるの。

紅 そうかも！ 気に入ったら毎日ずっと一緒でいい。

新音 プーケットに行ったとき、ママは仕事していて、パパと私たちの3人でビーチを見つけてそこでずっと遊んでいたの。それで、そのビーチですっごくキレイな夕日を見たのを覚えてる？ そうしたら、紅がその夕日をもう一度見たいから、あのビーチにまた行きたいって言い出して、次の日にもそこに行ったでしょう？

紅 そうだ！ だって海の中から見た夕日がすっごくキレイだったでしょ？ でも次の日行ったら、時間が違うから海がすっごく深くなってたんだよね。で、その次の日には誰も一緒に海に入ってくれなくて寂しかった。

新音 リュウガンって果物が好きだから、ずっとそればっかり食べたりとかね。

佳子 お気に入りをすぐに作りたがる紅にとって一番お気に入りの国はどこ？

紅 バリ。もう1回行きたい。バリの『星のや』、すっごく良かったもん。新音はどこに行きたい？

新音 ニューヨーク！ 今すぐ行きたいくらい！

佳子 ニューヨークなのね。前に行った時もすごく楽しそうだったよね。

紅 そうだね。ニューヨーク楽しかったのは覚えてる！ 大きなおもちゃ屋さんに行ったよね？

新音 そうそう。あそこは天国だった。ブロードウェイで『ウィキッド』を観て、その女の子の演技に感動した。

紅 演技も歌もうますぎて、ずっと泣いてた気がする。

新音 ニューヨークは本当に色々な人がいるから刺激的。ドラマや映画でもよく見るから親近感もあるし。

佳子 新音はニューヨークには一人旅したいんだよね？

新音 とにかく早く一人旅してみたいの。私はまだ子どもだから家族に合わせて旅行しているけれど、一人だったら自分が動きたいように動いていいってことでしょう？ それって最高な気がする。それに、いつか自分が大人になったら今度は子どもを連れていく側になるわけでしょう？ 色々経験して練習しておきたい。

紅 私は一人旅は無理！ 寂しくて悲しくて。

佳子 一人で飛行機に乗った時、本当に辛かったって言って

2014.12.29 @Thailand「タイのマーケットはヘンテコなフルーツだらけ」（紅）

2015.2.14 @NY「このおもちゃ屋さんは天国。欲しいものしかない!」(紅)

たもんね。
紅 飛行機で一人の時は、新音がいないから何をしたらいいのか分からなくて……吐いちゃった(笑)。
佳子 紅は一人旅はまだまだ先だね。新音が一番楽しかった旅はどこ？
新音 シンガポール。私がシンガポールでパスポートをなくしちゃって、でもママは仕事で東京に帰らなきゃいけなくて、そのまま私一人で残ることになって。お仕事の関係の人の家に泊まらせてもらったんだけど、めちゃくちゃ楽しかった。子どもが3人いて、暮らしているように過ごせたから、ホームステイしている感覚に近かったかも。その子たちとはまだ繋がっているし、新しい友達も作れて、今でも連絡取り合ってる。地元のプールに行ったり、大きなショッピングモールにも行って。買い物の帰りにはフローズンヨーグルト食べたり、3泊4日があっという間だった。あと印象的だったのはね、カンボジアで船に乗った時のこと。
佳子 紅は泣いてたもんね。覚えてる？
紅 カンボジアの船で私が泣いたの？
新音 カンボジアの川で船に乗っていたら、色々な物売りや物乞いの人が船に近づいてきて話しかけてきて。
佳子 そう。それで、1艘目は子猫を連れてる人が来て、2艘目は蛇。
新音 彼らのためにならないからお金は払っちゃいけないと言われて、でも触るとお金を要求されるから、触らないように断っていたの。そうしたら、3艘目が赤ちゃんを連れてきたんだよね。それも生まれたての。
佳子 本当に生まれたばかりだったよね。
新音 もうね、衝撃だった。彼らには何もしてはいけないというルールがあることも強烈だったし、こういう人たちがいるんだということも強烈で。怖いとも思ってしまったし。川も深くて汚そうで、なんだか頭をガーンと殴られたようなショックで。結構引きずりました。
紅 思い出した。赤ちゃんをお金のために使っていることにビックリして、私、泣いちゃったんだよね。
新音 でもしょうがないのかも。仕事がないのなら。
紅 赤ちゃんを連れて帰ってあげたいと思った。
新音 でも一人連れて帰っても仕方ないんだよ。きっとそういう人が何万人もいるんだよ。自分は何ができるんだろう？って考えさせられた、最も強烈な思い出かも。
佳子 そうだね。旅に行くなら、自然、都会。貧しい国、豊かな国。宗教、人種。全て自分の目で見て感じてもらいたいと思ってる。世界は広くて、さまざまだということが体感できると思うから。いつか新音がずっと行きたがっているエジプトにも行かなきゃね。
新音 色々なところに連れてってもらえるのは、本当に感謝してる。それにしても、我が家の旅はハプニング多いよね。我が家っていうか、ママ限定ね(笑)。
佳子 そうだね。私、ハプニング多いかもね(笑)。
新音 一番のハプニングは、ママがタヒチで穴に落ちたこと！ あれはホント面白かった！(笑) だって歩いてたら急にママが消えて。探したら穴の中にいるんだもん(笑)。
佳子 ふっ、て落ちたよね。あれはなんで穴があったんだろう？ 最初はみんな気づかなくて、あれ？ ママは？ って振り返ったら、1.5mくらいの穴に落ちてたんだよね。
紅 そんなに深くないでしょ、大丈夫でしょと思ってたら、結構大変そうだったよね。
新音 パパと紅が全然動揺しないし助けに来ないからびっくりしたよ。
佳子 私と旅行する人たちはトラブルに慣れすぎてて、ちょっとしたことじゃ動じなくなってるのかもね。

2015.2.14 @NY「初めて行ったNYはもう、笑っちゃうくらい寒くて」(新音)

THE GIRLS' TALK

2015.1.2 @Thailand「プールサイドで、珍しく読書をしている紅です」(新音)

新音　キレイな海で動画を撮ろうとしたら急流に巻き込まれて、珊瑚で足を切ったこともあったよね。血まみれだった！　しかもそんなに頑張って撮ったのに、動画が全然キレイじゃなかったし(笑)。

佳子　(笑)。ママ抜きの旅はハプニングなくて穏やかそうよね。イギリスのおじいちゃん、おばあちゃんに会いに毎年行っている時とか。

新音　イギリスでキッズキャンプに行くと、色々な国の友達ができるのがうれしい。SNSで繋がれるし。今度ね、その時に友達になったメキシコ人の子が東京に来るの。会うのがすごく楽しみ。

紅　おじいちゃん、おばあちゃんとお料理をするのも楽しいよね。

新音　メレンゲ、アップルクランブル、ミンスパイとか作るよね。イギリスの家庭料理の作り方が分かって、楽しい。イギリスでは老人のような生活をしているよ(笑)。すごくのんびりしてる。

佳子　旅行に行く時は、家族がそれぞれ好きな本を持っていくんだよね。

紅　うん。大量の読まない本を持ってく。ちょっと読んだら飽きちゃって読まないの。それで結局は一冊も読み終えないまま持って帰る。でも次に旅に行く時には、暇なんじゃないかと思ってまた同じ本を持っていくの。

新音　私はね、筒井康隆の『旅のラゴス』って本を毎回持っていく。すっごい好きでもうボロボロ。同じ本でも、その時にいる場所によって感じ方が違うの。

紅　私は人形も持ってく。バニラっていう名前の人形をどこにでも持っていってたら、カンボジアでなくした……。

佳子　あまりにも悲しんでいるから、似ている人形をニューヨークで見つけて買ってきてあげたよね？

紅　うん。その子はミルクって名前にした。

佳子　私はいつも旅先で帽子を買うのだけど、子どもたちは絶対ミサンガを買っている気がする。

新音　そう。絶対買う。お土産用に大量に買ってる。

紅　ミサンガは、持ちながらぎゅーっとして願い事をしながら結ぶんだよね。でも学校につけていけないから、今は部屋のお気に入りのフックにかけてる。

新音　旅先では、ショッピングより、色々な体験をすることが多いよね。ママは、日本でできることは旅先ではやらせてくれないもん。

紅　そうだね。やろうって提案しても、それは日本でできるでしょうって言われることがある。

佳子　だって、せっかくなんだから、そこでしかできないことを体験して欲しいもの。

新音　確かに、色々な国に連れていってもらって、そこでしかできないことを体験させてもらったことで、視野は広がったと思う。

紅　いいこと言うね。パチパチパチ。

新音　それに色々な国に行くと、絶対そこに日本人がいるの。同じ国で生まれた人たちが世界中に散らばっているんだなと思う。日本人でも日本語を話せない人もいるし。ルーツが一緒でもストーリーがまったく違う人たちが世界中にいるなんて、本当に面白いなと思う。

紅　うん。色々な人に会えることは、きっと将来の自分に影響すると思う。

新音　ママのハプニングのおかげでちょっとしたことじゃ驚かない精神力もついたし(笑)、感謝してます。

2017.1.3 @Thailand「どこの国に行っても、すぐ船に乗りたくなっちゃう」(紅)

119

幼すぎて覚えてくれてなくてもいいよ
旅の楽しみ方が身に染み付いていってくれたら

その小さな身体でたくさんのことに体当たりし
その小さな足でいろいろな場所の土を踏み
その小さな手でさまざまな物に触れ
その小さな目であらゆる景色を眺め
その小さな耳で多種多様な言語に聴き入り
その小さな鼻で全ての匂いを嗅ぎ取り
その小さな舌であらん限りを味わって

そしていつか、私よりもずっと賢く、ずっと強く
ずっと広い視野を持った大人になってね

だから、ねぇ
次はどこへ行く？
どこへ行きたい？

EPILOGUE

STAFF

Photo
Dan Bailey (TOKYODANDY)　@tokyodandy
Fabian Parkes　@fabianparkes
Yoshiko Kris-Webb　@tokyodame

Illustration
IKULA　@ikula_illustration

Interview (P116-119)
Maki Kakimoto　@makikakimoto

Editorial Assistant
Megumi Kanda　@u3_49

Design
Hanako Naitoh　@udon2221

Edit
Urara Takahashi　@urarinurarin

TRIP with KIDS －こぁりっぷ－
（トリップ ウィズ キッズ）
2018年7月19日　第一刷発行

著者	クリス-ウェブ 佳子(ヨシコ)	
発行者	渡瀬昌彦	
発行所	株式会社講談社	
	〒112-8001 東京都文京区音羽2-12-21	
印刷所	大日本印刷株式会社	
製本所	大口製本印刷株式会社	

この本についてのお問い合わせ先
編集 ☎ 03-5395-3448　販売 ☎ 03-5395-3606　業務 ☎ 03-5395-3615

定価はカバーに表示してあります。本書のコピー、スキャン、デジタル化などの無断複製は著作権法上での例外を除き禁じられています。
本書を代行業者などの第三者に依頼してスキャンやデジタル化することは、たとえ個人や家庭内での利用でも著作権法違反です。
落丁本、乱丁本は購入書店名を明記のうえ、小社業務宛にお送りください。送料は小社負担にてお取り替えいたします。
なお、この本の内容に関するお問い合わせは、ベビモフ編集部宛てにお願いいたします。

©Yoshiko Kris-Webb 2018
©KODANSHA 2018 Printed in Japan
ISBN 978-4-06-512459-8

頭に入れておきましょう

BASIC INFORMATION for こありっぷ

旅の基礎知識

この本で紹介した国、都市に旅する際の基本的な情報をまとめました。
特に子連れの旅は、安全・安心・健康が第一。
心配事は少ない方が旅は楽しい！ 備えあれば憂いなしです。

- P124 ── SINGAPORE
- P125 ── CAMBODIA
- P126 ── HO CHI MINH
- P127 ── UBUD
- P128 ── TAHITI & MO'OREA
- P129 ── MARRAKESH
- P130 ── PARIS
- P131 ── COPENHAGEN
- P132 ── ICELAND

SINGAPORE

シンガポール　　　　　　　　　　　　　　　　　マレー半島南端に位置する都市国家の島国

日本からの行き方	日本各地より直行便があり、フライトは約7時間30分。チャンギ国際空港から市内までは、MRT（地下鉄／所要時間60分）、タクシー（所要時間30〜40分）がオススメ。
時差	日本時間よりマイナス1時間。サマータイムはなし。
入出国とビザ	【ビザ】14日もしくは30日間の滞在なら不要。 また、原則としてシンガポール出国のための航空券（オープンチケット可）が必要。 【パスポート】パスポートの残存有効期間は「滞在予定日数＋6ヵ月」以上。
言語	公用語と定められている言語は、マレー語、中国語、タミル語、英語の4つ。 ほぼすべての国民が、自分の民族の言語と英語の2言語を話せる。
通貨とレート	通貨単位はシンガポールドル（S$）と、シンガポールセント（Sc）。紙幣は2、5、10、50、100、1000、1万シンガポールドルの7種類。硬貨は1、5、10、20、50シンガポールセント、1シンガポールドルの6種類。1シンガポールドル＝約82円（2018年5月2日現在）。
チップ	基本的に必要なし。レストランでは、サービス料（10%）がすでに加算されていることが多い。
気候	赤道に近い位置にあるため、一年を通して蒸し暑い。平均気温は27.4℃、平均湿度は84〜87％程度、東京の8月の気温・湿度とほぼ同じ。11月〜2月は雨季。3月〜10月の乾季が旅行・観光に最適。服装は夏の装いでOKだが、冷房対策の羽織りものは必要。
移動手段	一番のオススメは安価で便利なタクシー。 バス路線も発達しており、ほとんどどこへもバスで行ける（スマホのバスアプリが便利）。
事件や事故にあってしまったら	【事故・事件】警察 ☎999、消防・救急 ☎995 【パスポート紛失】在シンガポール日本国大使館 ☎6235-8855 【病気・ケガ】日本語対応のクリニックが多数あるので検索を。
その他のマメ知識や注意事項	【マナー】マナーは厳しい。日本では見逃されるような行為でも、違反すると旅行者も罰金の対象になるので注意が必要。 ・基本的に禁煙。ナイトクラブでも喫煙コーナー以外は禁煙。違反すると、最高1000シンガポールドルの罰金。 ・ゴミのポイ捨て・つばの吐き捨ても禁止事項であり、罰金の対象。 ・交通機関での飲食は、キャンディやガム、飲み物も禁止。 ・写真撮影も禁止の場所が多いので事前に調べること。 ・モスクでは肌を露出していると内部には入れない。高級レストランへ行く際はフォーマルな装いをするのが礼儀。 【Wi-Fi】カフェ、ショッピングモール、空港、駅など、幅広く無料Wi-Fiが提供されている。 【プラグ・変圧器】コンセントの形状が日本とは異なるため、変換プラグが必須。 【治安】シンガポールは東南アジア各国に比べて犯罪率が低い安全な国。とはいえ、パスポート盗難、置き引きなどに対する最低限の注意はもちろん必要。 【クレジットカード】ほとんどの場所で使用可能。

CAMBODIA カンボジア

首都はプノンペンで、シェムリアップにはアンコールワットが

日本からの行き方	直行便は、成田からプノンペン国際空港まで約6時間20分。 ホーチミン、シンガポール、バンコクを経由すると8〜10時間程度。 空港から市内へは、タクシーかトゥクトゥク利用で15〜25分。
時差	日本よりマイナス2時間。サマータイムはなし。
入出国とビザ	【ビザ】日本人は入国の際に必ずビザが必要。取得方法は3つ。 ①現地空港で「ARRIVAL VISA(アライバルビザ)」を申請。プノンペン国際空港、 シェムリアップ国際空港では、1ヵ月間有効観光ビザがその場で取得可。一番便利&安く済む。 ②インターネットで「E-Visa」を申請。 ③在日カンボジア大使館(領事館)窓口で申請。
言語	現地語はカンボジア語。でも、英語が話せれば問題なし。
通貨とレート	通貨はリエル(Riel=KHR)。公式に発行されている紙幣は二十数種類。コインの取り扱いはなし。 1リエル＝0.02704円(2018年4月30日現在)。
チップ	チップの習慣はなく基本的に不要。気持ち程度でOK。
気候	年間を通して高温多湿。11月上旬〜5月中旬が乾季で、前半は涼しく、過ごしやすい季節です。 後半は一年で最も暑く、日中の気温は35〜40℃にも。5月下旬〜10月下旬が雨季で、 決まった時間にスコールが降るが、1〜2時間でやむ。日よけ&冷房対策の羽織りものが必須。
移動手段	主な交通手段はバイクタクシーやトゥクトゥク。 観光時は、半日ないし1日チャーターして移動するのが便利。 料金は交渉制。長距離移動の場合は、サービスの充実したバスがオススメ。
事件や事故に あってしまったら	【緊急時】警察 ☎117　プノンペン市警察外国人課 ☎012-888-221 & ☎011-908-080 【パスポート紛失】在カンボジア日本国大使館 ☎023-217161〜4
その他のマメ知識 や注意事項	【マナー】寺院を参拝する時は肌の露出はなるべく抑え、お堂に上がるときは履物を脱ぐ。 僧侶に対しては常に敬意を払う。人の頭の上には精霊が宿っていると考えられているため、 他人の頭に手を当てたり、子どもの頭を撫でることも避けること。 【Wi-Fi】空港、ホテル、ほとんどのレストランやカフェが無料のWi-Fiを提供。 都市部では困らないが、アンコールワットツアー中は難しい。 【クレジットカード】ほとんど普及していない。基本的には現金主義。 【治安】治安は安定しているものの、街外れにはまだ地雷が撤去されずに 残っていることもあるので要注意。アンコール遺跡などの観光中に、 スリやひったくりの被害に遭う日本人観光客が増加中。人込みでは財布やバッグに注意が必要。 【覚えておきたい言葉】カンボジア語で「オークン(ありがとう)」。 「チョムリアップ・スオ(おはよう／こんにちは／こんばんは)」、 「チョムリアップ・リア(さようなら)」は目上の人への丁寧な表現。 友達へは「ソースデイ(こんにちは)」「リア・ハウイ(またね)」。

HO CHI MINH ホーチミン

南部に位置するベトナム最大の都市で、旧称サイゴン

日本からの行き方	日本の主要空港から直行便で約6時間。ホーチミン（タンソンニャット）国際空港から市内へは、大きな渋滞がなければ車で30〜40分。タクシーやUBERが便利。
時差	日本時間よりマイナス2時間。サマータイムはなし。
入出国とビザ	【ビザ】6ヵ月以上の残存有効期間を有するパスポートと、出国用の航空券を有する日本国民は、15日以内の滞在に限りビザ不要。 【パスポート】ビザ取得時（ビザなしの場合は入国時）に6ヵ月間以上の残存有効期間が必要。
言語	公用語はベトナム語。観光地では英語がほぼ通じる。
通貨とレート	通貨はドン（Dong＝VND）。使用されているのは、 紙幣が100、200、500、1000、2000、5000、1万、2万、5万、10万、20万、50万ドンの12種類。 硬貨が200、500、1000、2000、5000ドンの5種類。1ドン＝0.004838円（2018年6月15日現在）。
チップ	チップの習慣はなく、基本的に不要。 ルームサービスに対しては、1万〜2万ドン程度支払っても。
気候	熱帯モンスーン気候で乾季と雨季に分かれる。平均気温27℃と年間を通して高温。 雨季は5〜10月で乾季は11〜4月。雨季の始まる4〜5月が最も暑い。
移動手段	【タクシー】主要タクシー会社は2つで、VINASUN（ビナサン）とMai Linh（マイリン）。 このどちらかの利用がオススメ。安価で便利！ 【バス】市内を走るバスは、手を上げて止める。 他の交通手段に比べて価格が圧倒的に安く、23〜27円程度！
事件や事故にあってしまったら	【緊急】警察 ☎113、消防署 ☎114、救急車 ☎115 【パスポート紛失】在ホーチミン日本国総領事館 ☎ 028-3933-3510
その他のマメ知識や注意事項	【マナー・治安】寺院や教会ではフラッシュ撮影は禁止。政府施設や警察、軍関係の人を撮影することも避けた方が良い。寺院など、肌の露出を控えるべき場所も多い。治安はあまり良くなく、スリやひったくり、置き引きは観光客の多い通りや市場などで多発。 【Wi-Fi】だいぶ普及してきている。 カフェ、レストラン、ホテルをはじめ、商業施設でもたいてい使うことができる。 【クレジットカード】空港や中心部の観光客が訪れるような場所では使えるが、交通機関の支払いをはじめ、まだまだ現金社会。現地通貨を用意しておくと安心。 【覚えておきたい言葉】ベトナム語で「シンチャオ（おはよう／こんにちは／こんばんは）」「カムオン（ありがとう）」「シンローイ（すみません／ごめんなさい）」。

UBUD ウブド

インドネシア、バリ島の高地にある町

日本からの行き方	成田、羽田、関西、中部空港より直行便でデンパサール（ングラ・ライ国際空港）へ。所要時間は約7～7時間半。デンパサールからウブドまで車で約1時間。エアポートタクシーで30万ルピア。バスも出ている。
時差	日本時間との時差はマイナス1時間。サマータイムはなし。
入出国とビザ	【ビザ】30日以内の観光なら入国ビザ免除。 【パスポート】上記の際、残存有効期間6ヵ月以上のパスポート（空白ページ3ページ以上必要）と、帰路の航空券を持っていることが条件。
言語	公用語はインドネシア語だが、バリ島の人同士で話す場合はバリ語を使用する。英語の出番はあまりなし。
通貨とレート	通貨はルピア（Rp.）。硬貨は、25、50、100、200、500、1000ルピアが、紙幣は1000、2000、5000、1万、2万、5万、10万ルピアがある。1万ルピア＝78.64円（2018年4月30日現在）。
チップ	基本的に不要だが、観光客の増加にともない、チップが習慣化しつつある。ホテルやスパなど、サービス料金が含まれる場合は不要。渡すとしても1万～2万ルピア程度を目安に。
気候	標高の高いウブドは、涼しく、雨も多いエリア。基本的に半袖でOKだが、朝晩は肌寒く感じられることもあるので、羽織りものは必須。乾季（4～10月）と雨季（11～3月）に分かれ、雨季にはスコールも。
移動手段	中心部の観光なら徒歩でOK。タクシーは基本的にはメーター制だが、事前に値段交渉が必要な場合もあるので、ホテルや旅行会社などでチャーターすると便利。レンタサイクルや乗り合いバスなどもある。
事件や事故にあってしまったら	【パスポート紛失】在デンパサール日本国総領事館 ☎0361-227628 【その他事故全般】日本語旅行案内所「アパ？情報センター」に相談を。 ☎081-2395-7134 & ☎08510-8001110／ワヤン・スタマ（日本語専用）
その他のマメ知識や注意事項	【持ち物】蚊が多いので、虫除けスプレーやかゆみ止めは持っていった方がいい。 【治安】ウブドの治安は比較的安全。でも、斜めがけバッグは前にかけるなど最低限の注意は必要。モンキーフォレストのモンキーに荷物を取られないように注意。 【覚えておきたい言葉】 胸の前で合掌しながら言うと、バリの人にとても喜ばれる。 「テレマカシ（ありがとう）」「サマサマ（どういたしまして）」はインドネシア語と共通。

TAHITI & MO'OREA

タヒチ&モーレア

どちらも南太平洋諸島に位置する
フランス領ポリネシアの島

日本からの行き方	タヒチへの直行便は、成田空港からのみで約11時間半〜12時間。 ホノルル、ロサンゼルス経由便もあり。ファアア国際空港からタヒチ市内へは車で10〜20分。 モーレア島へは、首都パペーテより高速船で30分。
時差	日本時間よりマイナス19時間。サマータイムはなし。
入出国とビザ	【ビザ】30日以内の滞在ならビザ不要。 滞在が30日以上の場合は、在日フランス大使館で短期観光ビザを申請する必要がある。 【パスポート】パスポートの残存有効期間は、滞在日数プラス3ヵ月以上が必要。
言語	公用語はフランス語とタヒチ語。ホテルやレストランなどの観光業に携わる場所では英語も通じる。
通貨とレート	通貨はフレンチパシフィックフラン(CFP)。同じ仏領のニューカレドニアと共通。 紙幣は500、1000、5000、1万CFP。硬貨は1、2、5、10、20、50、100CFP。 1 CFP＝1.0898円(2018年6月12日現在)。
チップ	不要。基本的にチップの習慣はない。
気候	年間平均気温が25℃の「常夏の楽園」。一年を通して貿易風が吹いているため気候は爽やかで快適。 真夏にあたる11〜3月は、高温多湿の雨季。気温は27〜30℃で、南国の花々が咲き乱れる美しい時期。 乾季の4〜10月頃は気温が下がるが、最低気温23℃程度と過ごしやすい。 朝夕は涼しくなることもあり、薄手の上着があると便利。 とにかく紫外線が強いので（日本の4倍とも！）、日焼け対策は抜かりなく。サングラスや帽子も必須。
移動手段	【バス】トラックを改造した乗り合いバス「ル・トラック」が、唯一の公共交通機関。 【タクシー】タクシー料金は、政府により管理されているため交渉は不要。 メーター制ではなく、目的地ごとに料金が決まっている。 【エア・タヒチ】主要な島々を網羅。ボラボラ島、モーレア島など人気の島へは 毎日3〜10便程度運航しているが、定員数が少ないので油断禁物。
事件や事故に あってしまったら	【緊急時】警察 ☎17、救急車 ☎15 【パスポート紛失】ファアア空港内の空港警察で一時渡航書を発行してもらう。 パスポート本券の再発行はできない。
その他のマメ知識 や注意事項	【治安・マナー】治安は良好だが、最低限の緊張感は必要。離島には神聖とされている地域や、 手つかずの自然に見えても私有地という場所があるので、むやみに立ち入らないように。 【Wi-Fi】ホテル、レストラン以外は、Wi-Fiはあまり期待できない。 頻繁に使うようなら事前の準備が吉。 【クレジットカード】ほとんどのホテル、レストラン、大型土産物店では使用可能。 【覚えておきたい言葉】メインの公用語はフランス語なので、フランス語の挨拶は覚えておきたい。 タヒチ語で覚えておきたいのは、「マーウルウル(ありがとう)」「ナーナ(また会う日まで)」。

MARRAKESH　マラケシュ

モロッコ中央部、サハラ砂漠北西に位置する都市

日本からの行き方	直行便はなし。フランスのパリ経由(乗り継ぎ)でマラケシュに入るのが断然オススメ。その際、日本からの所要時間は、乗り継ぎ時間を入れて16〜17時間程度。マラケシュ・メナラ空港から市内へは車で30分程度。
時差	日本時間よりマイナス9時間。サマータイムはマイナス8時間。サマータイムは毎年期間が変わる。ちなみにラマダン中はサマータイムを元に戻す地域があるので注意。
入出国とビザ	【ビザ】日本国籍の場合、3ヵ月以内の滞在はビザの取得不要。 【パスポート】パスポートの残存有効期間は3ヵ月以上必要。
言語	公用語はアラビア語とベルベル語。フランス語も広い範囲で通用する。スペイン語や英語も都市部や若い世代には通じる。
通貨とレート	通貨はモロッコディルハム(DH／単にディルハムともいう)とサンチーム(C)で、1ディルハム＝100サンチーム。 硬貨は5、10、20、50サンチーム、1、2、5、10ディルハムの8種類。 紙幣は20、50、100、200ディルハムの4種類。1ディルハム＝11.626円(2018年6月11日現在)。
チップ	【ホテル】ポーター：5〜10ディルハム、荷物の量や重量に応じて。 ベッドメイク：1泊10ディルハム　ルームサービス：5〜10ディルハム。 【レストラン】会計の10％程度。料金にサービス料が含まれている場合は不要。
気候	宮崎市とほぼ同緯度で、夏には雨がほとんど降らず乾燥し、気温が40℃を超える日も。帽子が必須。夜は意外と冷え込むので、長袖の羽織りものがあると便利。冬は比較的、雨が多い。旅行のベストシーズンは3〜5月、9〜11月。
移動手段	【ONCF(鉄道)】首都ラバトを中心にモロッコ国鉄が主要都市を結ぶ。1等は座席指定、2等は自由席。エアコン完備。 【タクシー】流しのタクシーに乗ると、法外な金額を請求される可能性が高い。事前に宿泊先のホテルに配車予約、もしくは旅予約サイトで事前に配車予約を。
事件や事故にあってしまったら	【緊急時】警察 ☎19 【パスポート紛失】在モロッコ日本国大使館 ☎537-63-17-82-4
その他のマメ知識や注意事項	【ネット・Wi-Fi】ホテルをはじめ、街中のカフェなどで無料Wi-Fiを提供。また、インターネットカフェも点在している。ラマダン期間中は多くの店が閉まるので要注意。市街地を出てしまうとWi-Fiスポットはほぼ皆無。 【マナー・習慣】イスラム教に基づいたマナーが多い。左手は不浄とされているので、握手や物を受け取る際は右手で。女性は肌を出す服装は避けて。露出度が高いとひんしゅくを買ううえに、危険に身をさらすようなもの。無断で人(特に女性)にカメラを向けるのもNG。 【覚えておきたい言葉】ありがとうはアラビア語で「シュクラン」で、これさえ覚えておけば大丈夫。押しの強い商人には言葉よりも「NO!」という強い態度が必要。 【治安】都市部ではスリ、置き引き等の軽犯罪が多いので油断は禁物。余分な金品は持ち歩かず、荷物、貴重品やパスポート類からは目を離さないように。メディナやスークでの被害が特に多い。携帯電話は手持ちで歩かないようにしよう。

PARIS パリ

フランスの首都。アート、ファッション、グルメ、カルチャーの世界的な中心地

日本からの行き方	成田、羽田、関西国際空港から直行便があり、所要時間は約12時間30分。 シャルル・ド・ゴール空港（CDG）からパリ市内へは、 バス、電車、タクシーを利用し、所要時間は30分〜1時間ほど。
時差	日本時間よりマイナス8時間。サマータイムはマイナス7時間。
入出国とビザ	【ビザ】観光目的の旅（3ヵ月以内の滞在）なら不要。 【パスポート】滞在日数プラス3ヵ月以上の残存有効期間が必要。
言語	フランス語が公用語。英語は観光レベルであれば、ほぼ問題なく通じる。
通貨とレート	通貨単位はユーロ（€、Euro、Eur）と、セント（Cent）。それぞれのフランス語読みは「ウーロ（Euro）」と「サンチーム（Centime）」。1ユーロ＝100セント。紙幣は500、200、100、50、20、10、5ユーロ。硬貨は2、1ユーロ、50、20、10、5、2、1セント。1ユーロ＝131円（2018年5月2日現在）。
チップ	基本的にチップは義務ではない。快いサービスを受けた時、特別なことを頼んだ時にお礼として渡す。 【レストラン】高級レストランで渡す場合は食事代の5〜10％を目安に、 きりのいい金額をお札で渡すとスマート。 【ホテル・タクシー】特別な頼みごとをした際、1回につき2〜5ユーロ程度。
気候	日本と同じく四季があり、パリは年間を通して東京より5℃くらい気温が低く、乾燥している。 肌寒い印象が強いかも。
移動手段	タクシーはつかまりにくいので、オススメはUBER。パリの地下鉄は利用しやすいが、子連れの場合は避けた方が良い。パリの景色を楽しみたいのなら、バス＆路面電車もおすすめ。
事件や事故にあってしまったら	【事故・事件】EU共通緊急連絡先 ☎112、救急車・SAMU ☎15、警察・救急隊 ☎17 【パスポート紛失】在フランス日本国大使館 ☎01 48 88 62 00 【日本語の通じる病院】AMERICAN HOSPITAL OF PARIS ☎01 46 41 25 15（日本人セクション）
その他のマメ知識や注意事項	【マナー】挨拶は重要。挨拶をしないと感じの悪い人と捉えられる事も。 エスカレーターは右側に立ち、左側は急いでいる人のために空けておく。 決められた場所以外での喫煙は法律違反であり、罰金の対象。レストランやカフェは全面禁煙。 【Wi-Fi】大都会ですが、意外とWi-Fiが使える場所が少ないので、 頻繁にWebに接続したい場合は事前に借りておくのがベター。もちろんホテルではほぼ使用可能。 【クレジットカード】フランスはカード社会で、スーパーでは1ユーロからカード払いが可能。 ただし、カフェ、ベーカリー、タバコ屋は現金払いが主流。 またパリは精算が驚くほど適当なので、レシートは必ずチェックを。 【治安】パリの治安は決して良いとは言えない。スリも多いので、現金は小分けにしておく、 バッグは前に持つなどの注意は必須。 【覚えておきたい言葉】基本的な挨拶は圧倒的にウケがいいフランス語で！　「ウィ（はい）」 「ノン（いいえ）」「ボンジュール（こんにちは）」「ボンソワー（こんばんは）」「メルスィ（ありがとう）」 「ノン・メルスィ（結構です）」「オヴォワー（さようなら）」「パードン（すみません）」。 最後に、「マダム（女性に）」か「ムッシュー（男性に）」を付けるとより敬意を表現できる。

COPENHAGEN

コペンハーゲン　　　　　　　　　バルト海に浮かぶ島に位置する、デンマークの首都

日本からの行き方	成田空港から直行便で約11時間25分。ヨーロッパ各都市を経由する便も多数。 コペンハーゲン空港から市内へは車で約30分。市バス、デンマーク国鉄(DSB)、地下鉄も便利。
時差	日本時間よりマイナス8時間。サマータイムはマイナス7時間。
入出国とビザ	【ビザ】日本国籍で滞在日数が90日以内の場合は、ビザの取得は不要。 【パスポート】出国予定日から数えて3ヵ月以上の残存有効期間が必要。
言語	公用語はデンマーク語。ほとんどの人が英語も話せる。
通貨とレート	通貨はデンマーククローネ(Krone／単数)または、 クローナー(Kroner／複数。ともに略号はDKK)、オーレ(Øre)。1クローネ＝100オーレ。 紙幣は50、100、200、500、1000クローネの5種類、 硬貨は50オーレ、1、2、5、10、20クローネの6種類。1クローネ＝17.377円(2018年6月11日現在)。
チップ	料金にサービス料が含まれている場合がほとんどのため、チップの習慣はない。 ホテルやタクシーで用事を頼んだ時などに、お礼として渡す程度でOK。
気候	四季は比較的はっきり。冬(11〜3月)は寒く、1〜2月の平均気温は1℃くらい。 春(4〜5月)と秋(9〜10月)でも、気温は日本の冬ぐらい。 短い夏(6〜8月)は明るい時間が長くて過ごしやすく、日本の初夏ぐらいの気温なので、 羽織りものは必要。白夜の時期は6〜7月だが、一日中日が沈まない完全な白夜はなし。
移動手段	タクシーのほかは、バスも便利。バスや地下鉄などが共通で使える「シティパス(City Pass)」が便利で、 24時間券(80クローネ)、72時間券(200クローネ)。15歳以下は子ども料金になる。
事件や事故に あってしまったら	【緊急時】警察・消防・救急 ☎112 【パスポート紛失】在デンマーク日本国大使館 ☎33-11-33-44 【その他】コペンハーゲン・ツーリスト医療サービス ☎33-93-63-00
その他のマメ知識 や注意事項	【ネット・Wi-Fi】無線LANの普及率が高く、ほとんどの宿泊施設で利用可能。 空港やレストランなど、公共の場でも利用できる場所が多い。 【電圧】電圧は230V、周波数は50Hz。日本とは電圧が違うので、 日本の電気製品を使用する場合は変圧器が必要。 【治安】他のヨーロッパ諸国と比べても、治安は良好だが、盗難には注意。 2004年以降、置き引き、スリの被害が急増している。 【覚えておきたい言葉】デンマーク語で「ゴッディ(こんにちは)」「マンゲ・タック(ありがとう)」 「ヤー／ナイ(はい／いいえ)」。

ICELAND アイスランド

北欧の島国で、首都はレイキャビック

日本からの行き方	直行便はなし。ヨーロッパの都市（ロンドン、フランクフルト、コペンハーゲンなど）を経由してケプラヴィーク国際空港へ。所要時間は乗り継ぎも入れて、18〜20時間程度。空港からレイキャビック市内までは、車で45分程度。「Flybus（フライバス）」が便利ですべて無料Wi-Fi。
時差	日本時間よりマイナス9時間。サマータイムはなし。
入出国とビザ	【ビザ】観光目的の旅で90日以内の滞在ならビザ取得の必要はなし。 【パスポート】パスポートの残存有効期間はアイスランド出国時に3ヵ月以上。
言語	公用語はアイスランド語。英語も通じる。
通貨とレート	通貨はアイスランドクローナ(ISK)。 クローナKrona(単数)、クローヌルKronur(複数)。 紙幣は500、1000、2000、5000、1万クローナの5種類、硬貨は1、5、10、50、100クローナの5種類。 1 ISK＝1.07448円（2018年5月2日現在）。
チップ	アイスランドにはチップの習慣はない。おつりの小銭を渡す程度でOK。
気候	四季が比較的はっきりした国。冬(11〜3月)は長く、かなり寒い。 短いながらも春(4〜5月)と秋(9〜10月)もあるが、気温は日本の初冬ぐらい。 短い夏(6〜8月)は明るい時間が長く、日本の初夏ぐらいの気候。たとえ夏でも防寒対策はしっかりと。 白夜は6〜7月。
移動手段	鉄道がなく、主要な町は路線バスで結ばれている。 地方の見どころへ行く時には、バスツアーが効率的。 「Flybus」の「Golden Circle Tour」なら、アイスランドの大自然をスムーズに観光できる。
事件や事故にあってしまったら	【緊急時】警察・消防・救急 ☎112 【パスポート紛失】在アイスランド日本国大使館 ☎510-8600(代表)
その他のマメ知識や注意事項	【ネット・Wi-Fi】世界有数のインターネット普及率であり、Wi-Fi環境もかなり整っている。 【治安】比較的治安はいいとされていたが、近年は都市部を中心に、外国人窃盗団などによる置き引きやひったくりなどの被害が増加中。 【休憩】レイキャビックのダウンタウンを散策中に、休憩したくなったら、市立図書館や、市庁舎が便利。市庁舎にはGuide to Icelandのオフィスもあり、質問もできる。 【電圧】日本とは電圧もプラグの形状も異なるので、日本の電気器具をそのまま使用する場合は、変圧器と変換プラグが必要。電圧：230V、プラグ：Cタイプが一般的。 【クレジットカード】必須！ アイスランドはクレジットカードが広く流通。都市部だけなら、クローナへの両替なしでしばらく過ごせるほど。 【飲み物】アイスランドは、どの水道の水もキレイで美味しい。また、お水はどこで頼んでも無料。 【覚えておきたい言葉】アイスランド語で「ヤオ(はい)」「ネイ(いいえ)」 「タック・フィリール／サッカシェールフィール(ありがとう)」。

これさえあれば安心、なアプリたち

UBER
アプリ上で決済可能、行き先の説明不用という便利な配車サービスを提供。高級車＆親切なドライバーが多数登録している。流しの少ないパリ、タクシー争奪戦のニューヨーク、悪質ドライバーの多いミラノで活躍。

Booking.com
宿泊施設と航空券の予約の専門アプリ。宿泊施設の多くは現地支払い。フィルターが事細かに細分化されているので、希望のホテルやコテージ、ゲストハウスやツリーハウスまで、必ずお望みの宿が見つかります。

Airbnb
世界中のユニークなお家＆体験を予約、暮らすような旅を叶えるアプリ。パリではエージェントではなく、宿主に直接会えたので、近所のオススメのレストランなど、現地の生きた情報を手に入れることができました。

Google Maps
AndroidとiPhoneで使える優れたナビゲーション機能付き地図アプリの一つ。タヒチでは航空写真を頼りに、ビーチを探して気ままにドライブ。一度の移動で複数の目的地を設定できるのでロードトリップにも最適。

Google Translate
テキスト入力、音声入力、手書き入力、会話モードなど、多機能に対応する高精度の翻訳アプリ。カメラをかざすと翻訳してくれるリアルタイムカメラ翻訳が特に便利。ダウンロードすればオフラインでも利用可能。

Yelp
最寄りかつ営業中のレストラン情報や口コミを教えてくれるほか、デリバリーも注文できるアプリ。外食に疲れた時は、出前が一番！ ネット決済が可能で、あとは配達人に心配りのチップを支払うのみ。

HotelTonight
ニューヨークやロンドンなど、大都会に思いつきで旅立つ場合に便利なホテル予約アプリ。1週間以内の空室しか表示されないけれど、直前の予約なら最大90％引きで有名ホテルに宿泊することもできます。

Spotify
世界最大の音楽ストリーミング配信サービス。高音質＆オフラインで音楽をいつでもどこでも楽しめる月額980円のプレミアムコースがオススメ。各国のTOP 50を参考に、旅先の流行曲をいち早くGETしよう！

The Ultimate Apps for Travel

The Ultimate Travel Playlist

気分を高める"旅音"たち

HANS ZIMMER(ハンス・ジマー)
『YOU'RE SO COOL』

MØ(ムー)
『NIGHTS WITH YOU』

Ásgeir(アウスゲイル)
『KING AND DROSS』

IGGY POP(イギー・ポップ)
『THE PASSENGER』

THE CHAINSMOKERS
(ザ・チェインスモーカーズ)
『PARIS』

PETIT BISCUIT(プチ・ビスケット)
『SUNSET LOVER』

KYGO FT. CONRAD SEWELL
(カイゴ FT. コンラッド・シューエル)
『FIRESTONE』

INCONTROL AND
WOLFGANG LOHR
『CHARLESTON』

卓球と旅人
『今夜だけ』

とりあえず、ホテルでもコテージでもテントでもAirbnbしたマンションでも、到着したらプレイする楽曲。ラブバイオレンス映画『TRUE ROMANCE』の挿入歌としても有名。

コーラスにデヴィッド・ボウイが参加する、旅の幕開けにぴったりの歌。コペンハーゲンからアイスランドに向かうタクシーに乗った瞬間、この曲が流れてきました。タイムリー！

旅先で思いっきりたそがれる。そして溜まった鬱憤を涙で洗い流すのもありだと思うから、そんな時になんだか不思議と涙が流れる曲として、『FIRESTONE』はダントツ。

デンマークを代表するシンガーソングライター。透明感がありながらもエキゾチックで力強い歌声に惹かれます。ちなみにMØはデンマーク語で"処女"という意味があるそうです。

パリに到着した2017年1月13日、タクシーのスピーカーから最初に流れてきた曲。ちょうどその日がこの楽曲のリリース日だったこともあり、パリ滞在中に繰り返し聴きました。

テキパキと物事を進めたい時にリコメンドしたい一曲。タヒチで借りた一軒家で夕飯をこしらえる時にこの曲をかけたら、みんなが一斉に動き出しました(笑)。私の思うツボ！

アイスランドが生んだ、奇跡の歌声を持つ天才シンガー。切なくもあたたかいウィスパーボイスが、旅する体に染み渡って、心地よい。朝のプレイリストに彼の曲は欠かせません。

毎年恒例のプーケット年越し家族旅行で、2018年のお正月にハマった楽曲。タイトル通り、サンセットタイムに、リラックスした雰囲気のなか、白ワインとともに聴くのがオススメ。

鳥肌が立つ七尾旅人の艶っぽい歌声。旅先の暮れゆく時間帯に、夕日に全てを預けて、ロマンチックな空間で音楽だけを頼りに、愛する人に思い切り甘えたっていいんじゃないかな。

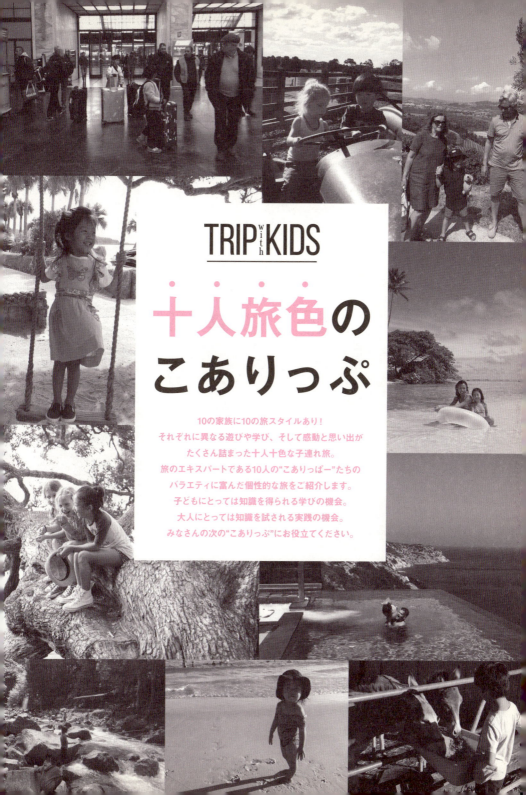

TRIP with KIDS

十人旅色のこありっぷ

10の家族に10の旅スタイルあり！
それぞれに異なる遊びや学び、そして感動と思い出が
たくさん詰まった十人十色な子連れ旅。
旅のエキスパートである10人の"こありっぱー"たちの
バラエティに富んだ個性的な旅をご紹介します。
子どもにとっては知識を得られる学びの機会。
大人にとっては知識を試される実践の機会。
みなさんの次の"こありっぷ"にお役立てください。

01/ AUCKLAND

「世界は一つ！を知ったNZ(ニュージーランド)母子留学」

柿本真希
エディター・ライター・ディレクター

2012年からニュージーランドで母子留学を2年半。2014年秋に帰国後、エディター・ライターに加え、ブランドのディレクションなど多方面で活躍中。@makikakimoto

　留学での一番の願いは"偏見や壁をなくすこと"で、ニュージーランドを選んだのも多民族・多文化社会だから。最も仲良くしてくれた息子の親友家族は、お父さんがトンガ出身。父親が日本にいる息子をいつも気にかけてくださり、現地でのパパ役を買って出てくれました。肌の色なんて関係なく助けてくれる人がいっぱいで、泣けるほどに幸せな毎日でしたね。自主性を育てることが第一目的のリベラルなニュージーランド教育も良い影響しかなく、娘も息子も自分の気持ちをはっきり言えるように。海外で暮らしたことで彼らは、世界は広く、文化はさまざまでみんな自由、そして助け合って生きていると肌で感じて学んだ。それがこの留学の一番の財産だと思っています。

ニュージーランド・オークランド　基本情報

【**日本からの行き方**】成田空港から直行便で約11時間。【**時差**】日本時間よりプラス3時間（サマータイムはプラス4時間）。【**ビザ**】3ヵ月以内の観光・短期留学などの滞在であれば日本国民はビザは必要ない。【**パスポート**】残存有効期間は滞在日数プラス3ヵ月以上必要。【**言語**】公用語は英語とマオリ語。【**通貨**】ニュージーランドドル（NZ$）。1NZ$＝76.785円（2018年6月18日現在）。【**チップ**】チップを渡す習慣はないが、特別なサービスを受けたと感じた時は渡した方がスマート。【**気候**】一年を通じて温暖な気候。日本ほど明確な四季の変化はないが、一日の気温差が大きく、朝＝春、昼＝夏、夕＝秋、夜＝冬に例えられる。

02/ JEEP ISLAND

「無人島で究極のネイチャー体験」

山内みよ
「アロナチュラ」代表

スペースアロマスタイリスト。企業、医療機関、イベントでの香りの演出の他、アロマプロダクト、化粧品のプロデュースも行う。1女2男の母。http://aronatura.com/

　娘が小学校に上がる直前の春休みに訪れたジープ島は、雨よけの小屋があるだけの小さな島で、外周は100m程度。美しい海に囲まれた無人島です。携帯の電波はもちろん届かず、電気もディナー用の裸電球のみ。日の出と共に起き、日が暮れたら眠る。雨が降ったら読書。まさに自然と共に暮らしていました。私と娘のお気に入りの遊びはヤドカリ競争。砂で水路やお城を作って競わせるのですが、今そこにある物を利用して遊びを生み出す楽しさは格別！　雨水を溜めたシャワーは貴重だから大事に使おうとか、シャンプーなどの化学物質は徹底的にNGだったり、自然との共存についても考えさせられたり。娘にはもちろん、親である私にとっても素晴らしい体験でした。

ジープ島　基本情報

【 日本からの行き方 】日本各地の空港よりグアム島へ。そこからチューク島へは飛行機で1時間半程度だが、便数が少ないので待ち時間は長め。さらに船でジープ島まで約30分。※2018年9月に成田ーチューク間の直行便の就航決定。【 時差 】日本時間よりプラス1時間。【 ビザとパスポート 】日本国籍を有する場合、残存有効期間120日以上のパスポートと復路の航空券を所持していれば30日以内に限りビザ不要。【 言語 】英語。【 通貨 】米国ドル（US$）のみ。1$＝109円（2018年5月7日現在）。【 チップ 】ジープ島滞在中は現地スタッフに対して支払う。滞在中は1人一日4〜8$が相場。【 気候 】平均気温28〜30℃。一年中安定した気候で、湿度も低く過ごしやすい。

03/ HOKKAIDO TAIKICHO

「北海道・大樹町、男2人ワイルド旅」

Nesco
エヌイグレック代表

アートディレクター。ブランドや店舗のロゴ制作の他、カタログやWEB、パッケージデザインに企業のブランディング、動画編集まで幅広く手がける。http://nigrec.jp/

　息子と僕は、2人ともAB型。だらだらと同じテンションで過ごせる男同士の2人旅は、やたらと気楽で心地良いんで、年に2回はやってます。母親がいない時の息子の姿は新鮮で、意外とたくましい側面を見られると男親としては嬉しいですよね。大樹町は帯広の近くの小さな町で、僕の生まれ故郷。土地勘もあるし、家の隣が牧場だったりして、大自然の中、とことんワイルドに遊べるのが利点です。冬はスキー、夏はよく釣りに出かけます。「自分で釣った魚だから食べたい！」と焼いた魚を骨も取らずにガブガブ食べ始めた時は、少し感激しました。"自分でやり遂げたこと"は、やはり嬉しくて楽しいんだなと。色々経験させてやりたいなと、この時すごく思いましたね。

―― 北海道・大樹町　基本情報 ――

[東京からの行き方] 飛行機：羽田空港から、とかち帯広空港まで飛行機で約100分。そこから車で30分程度。フェリー：茨城県・大洗港から苫小牧西港まで約18時間。苫小牧西港から大樹町へは車で約3〜4時間。[気候] 大樹町は北海道の東部に広がる十勝平野に位置。大陸性気候で夏はカラッと気持ちが良く、冬は寒いところではマイナス30℃近くにもなる低温が続くが、雪は少なく晴天の日が多い。年間を通じて全国的にも有数の日照時間に恵まれ、年間降水量も少なめ。季節ごとの変化が美しく、四季を通じて楽しめる。

04 KOH SAMET
「"楽しくたくましく"が育つタイの楽園」

イガリシノブ
ヘアメイクアップアーティスト

雑誌や広告でヘアメイクを手がける他、化粧品開発、メイク講師としても活躍。2018年には自身のコスメブランド「WHOMEE(フーミー)」をローンチ。@shinobuigari

　サメット島はバンコク近くの小さな島。2017年の年末年始、2歳半の娘&友人たちと最高に楽しい旅をしました！　遊ぶところはビーチしかない楽園で、レストランも全部砂の上。最初はビーチサンダルに砂が入るのがイヤだった娘も、だんだん慣れて、最終的には砂の上にタオルを敷いてお昼寝。砂の上の方が気持ちいいよ！なんて私も刷り込みましたけど(笑)。現地に住む初対面の子と遊ぶことも、お世辞にもキレイとは言えないトイレも、いろんなことが平気になって、一回り大きくなった感じ。トゥクトゥクが大のお気に入り。ものすごい泣き虫なのに、一回も泣かなかったのも奇跡。本当に楽しかったんだと思います。サメット島、小さい子どもにこそオススメ！

タイ・サメット島　基本情報

【日本からの行き方】日本の主要空港からバンコクへ直行便で約6時間半。そこから高速バスでラヨーンまで約3時間半、さらにサメット島へはボートで約30分。【時差】日本時間よりマイナス2時間。【ビザ】観光目的で30日以内の滞在ならビザ不要。【パスポート】残存有効期間6ヵ月以上が規定だが、日本国民は復路チケットと帰る日まで有効なパスポートがあればOK。【言語】タイ語か英語。【通貨】バーツ(THB)とサタン(Satang)で、100 Satang＝1 THB。1 THB＝3.4215円(2018年5月7日現在)。【チップ】日本の"心付け"同様の支払いがスマート。【気候】年間を通じて暑い。旅のベストシーズンは11〜5月頃。6〜10月はスコールの降る雨季。

05 GOLD COAST

「大事にしているのは子どもの好奇心」

佐藤リッキー
「Yello」代表

プロジェクトデザイナー。ファッションからインテリアまで、発案から企画、演出まで、ジャンルを超えたさまざまなプロジェクトで東京をデザイン。◎rikkisato

　デザインサイトで見つけた気になるホテルの場所と、息子が見たいと言っていたグローワーム(光る虫)の生息する洞窟が近いことが判明し、すぐ計画。彼が4歳の頃です。ゴールドコースト近くのカバリタビーチは、開放的な空気で、オーガニック文化も根付いているし、地元の人はスーパーに行くのも裸足、レストランも子連れを容認。心底リラックスできる場所です。目的のグローワームも見れたし、男の子なら誰でも大好きな"お宝集め"も堪能できた。拾った海藻と貝殻で作ったネックレスは、額装して家に飾っています。最初は自分が旅好きなので連れて行く感覚でしたが、今は息子の興味を伸ばせるような旅を考えます。やはり、行くたびに成長を感じるので。

オーストラリア・ゴールドコースト 基本情報

[日本からの行き方] 成田空港から直行便で約9時間。[時差] 日本時間よりプラス1時間(サマータイムはプラス2時間)。[ビザ] 日本国籍の人が入国する際はビザ、もしくはETAS登録が必要。[パスポート] 残存有効期間は滞在日数分以上あればOK。[言語] 英語。[通貨] オーストラリアドル(A$)とオーストラリアセント(AC)。A$1＝100AC。1A$＝81.27円(2018年5月7日現在)。[チップ] チップを渡す習慣はないとされているが、特に都市部で特別なサービスを受けたと感じた際は渡すのが一般的。[気候] 南半球に位置し、季節は日本と真逆。ゴールドコーストは年間晴天率が約70%。湿度は低く平均最高気温は20～30℃前後でとても過ごしやすい。

06/ AMAMIOSHIMA

「小さな娘とたった2人で奄美大島へ」

佐藤研二
「SATO / TOKYO ACT Ⅱ」代表

パリ生まれ。愛称はケニー。モデル、MCとしても活動する傍ら、グローバルなコミュニケーションスキルを活かした制作＆プロデュースの会社を運営。 @kenykilla

　ある日ネットで、北京の男性が娘と2人で旅行に行ったという記事を読んだのがきっかけ。2歳になった娘を連れてどこかに行きたい！と思い、言語の問題や気候も考えて選んだのが奄美大島。2016年のことです。コミュニケーションスキルをぐんぐん伸ばしていた娘との旅は想像よりも快適で、彼女はまるで協力し合い楽しむことを知っているかのようでした。現地では、娘のしたいことを最優先するというルールを設けていたせいか、ワガママ言うこともほぼナシ。公園や遊園地といった大人が作った遊び場がなくても、2歳の子どもにとっては"自然"が最高の遊び場でした。父親としても本当に貴重な体験となった2泊3日。ちなみにこの旅、2年連続続いています。

奄美大島 基本情報

【行き方】各主要空港より直行便あり。羽田空港からは最速で約2時間で行ける。【気候】亜熱帯海洋性の気候で、暖かい海に囲まれているため、四季を通じて温暖多湿で年平均気温は20℃超え。降水量はかなり多め。7〜8月(梅雨明け以降)は晴天が多く、台風が来なければまとまった雨は降らないが、積乱雲から降る局地的で激しい雨には要注意。最高気温は連日真夏日(30℃超え)で、熱帯夜。最高気温25℃以上の夏日が少なくなるのは11月頃。こありっぷのベストシーズンは9〜11月頃。

07 / OSLO

「年10回は海外のジェットセットな日々」

本田美奈子
「LYDIA」代表

ファッション、ビューティ、ライフスタイル、飲食、キッズ&ベビーなど、幅広いクライアントを持つマーケティングPR会社「LYDIA」代表。@minakolydiahonda

　ノルウェー人の夫はアーティストで、海外での個展などの活動がメイン。私のクライアントも海外に多いため、息子はお腹にいる時から超ジェットセッター。生後2週間でパスポートを取りました。今でも年に10回ほど海外出張に連れて行くので、かなり旅慣れています。人見知りもゼロですし、時差ボケも慣れたもの(笑)。NY、イタリア、カナダ、パリなど渡航先はさまざまですが、夫の実家があるノルウェーのオスロにはよく足を運びます。せっかく多様な文化がルーツにあるので、幼いうちにたくさん旅をして、言語や異文化への理解を自然に深めて欲しい、というのが私たち夫婦の願い。なので、夫と私の出張の予定をコーディネートするのが我が家の日課なんです。

――――― ノルウェー・オスロ　基本情報 ―――――

【日本からの行き方】コペンハーゲン(デンマーク)かロンドン(イギリス)経由でオスロに入る。所要時間は15〜17時間程度。【時差】日本時間よりマイナス8時間(サマータイムはマイナス7時間)。【ビザ】滞在日数90日以内の場合はビザ不要。【パスポート】残存有効期間は出国予定日より3ヵ月以上。【言語】ノルウェー語。多くの国民が英語も話す。【通貨】クローネ(Krone/単数)で、略号はNOK。1 NOK = 13.573円(2018年6月17日現在)。【チップ】チップの習慣はない。特別な用事を頼んだ時にお礼として渡すとスマート。【気候】北極圏にまたがる国だけあって寒冷。冬(12〜2月)の平均気温はマイナス5℃、短い夏(6〜8月)は15℃前後。

08/ WIEN

「麗しき冬のヨーロッパを列車で旅する」

田中英子
「クレオパトラ」ディレクター・「ソロウ」デザイナー

大阪の人気セレクトショップ「クレオパトラ」のディレクターを務めながら、ブランド「ソロウ」のデザインも手がける大阪一のモード番長。2男のママ。◎@eiko_tanaka

　子連れ旅、大好きです。子どもたちのフレッシュな感性で見る世界を共に体験できるのが醍醐味。自分の先入観や価値観が取り払われる感覚で、物事をフラットに見ることに繋がる気がします。一緒に感動＆喧嘩もしながら普段は気づかない発見を繰り返し、それを帰国してから親子で反芻するのも面白くて。この時はウィーンから始まって、ベネツィア、フィレンツェを巡る旅。本場のクリスマスマーケットを見せつつ、美術館で五感をフル稼働させ、夜行列車でアルプス越えを体験しました。また、荷物は"自分でパッキングして自分で運ぶ"のが我が家のルール。中身が多少ぐちゃぐちゃでもよし。忘れ物をした時の悔しさも自分で消化。自分で責任を取る練習です。

――――――― オーストリア・ウィーン　基本情報 ―――――――

【 日本からの行き方 】成田から直行便で約11時間45分。【 時差 】日本時間よりマイナス8時間（サマータイムはマイナス7時間）。【 ビザ 】最大90日以内で観光目的の滞在なら不要。【 パスポート 】出国予定日より3ヵ月以上の残存有効期間が必要。【 言語 】公用語はドイツ語。若年層には英語も通じる。【 通貨 】ユーロ（€、EURO、EUR）とセント（CENT）。1ユーロ＝128.35円（2018年6月17日現在）。【 チップ 】サービスをしてくれた人に対する感謝の意を表す心づけ的にチップを払う習慣あり。【 気候 】ベストシーズンは比較的温暖な5〜9月頃。10月後半になると一気に冷え込み、冬は美しい雪の季節。厚手のコートやセーターが必須。

「家族の団結力を深めるサーフな休日」

荒木里実
スタイリスト

『CLASSY.』『VERY』などの女性ファッション誌を中心に活躍する人気スタイリスト。時代の気分を汲みとったイケてる女性像を描き出す達人。2男の母。@satominsan

　我が家の休日といえばキャンプ。夫と上の息子がサーファーなので、ビーチ近くのキャンプ場にテントを張り、そこを拠点に遊びます。2018年のGWは下田。行き当たりばったりの旅で、足りないものは現地で調達。2人とも男の子なので、何があっても生きていける野性児に育てたいと思っていて(笑)。キャンプ中は息子たちも率先してお手伝いをしてくれるし、何かと家族で協力する場面が多く、それがすごく心地良い。私も子どもたちをサポートする感覚で、「今日は何をしたい?」と息子2人で相談させたりしています。普段は慌ただしい生活をさせてしまっているので、ゆっくり、じっくり、子ども中心に。家族が団結できるキャンプ時間を愛しています。

静岡県・下田　基本情報

[行き方] 東京から車で3時間程度。高速バス、新幹線、電車などでも行ける。車で行く場合、土日祝は道が混むので早朝に動き出す方が吉。**[気候]** 下田は東京からさほど離れていないが、"南国"という言葉を使ってもおかしくないくらい温暖。豊かな自然がたくさん残る。また、海のキレイさでも有名で、最高ランクの水質を保つ透明度の高いビーチがたくさん。サーフポイントも多数。

10/ GREECE

「何にもとらわれず、自由な感性に任せる旅」

松山記子
ソーシャライト

日本生まれ、ハワイとLA育ち。2007年ミス・ユニバース・ジャパンファイナリスト。2018〜2019年のショーメ日本アンバサダーとしても活躍。◎kiko_matsuyama

　夏はギリシャでのバカンスが恒例です。イギリス人の夫、夫の父母やその友人も合わせると15人にもなる大家族で。旅の後半の約10日間は、クルーザーでアイランドホッピング。予定は一切立てず、天気と相談しながらのなりゆきな旅です。着いた島でもその時にできることを見つけるスタイルで、本当に自由。普段の私たちは時間や規則、人の目など、色々なものに囚われているけれど、ここではすべてがゼロ、自然に戻れる感覚です。いつもは使えていない第六感みたいなものが目覚める感じが心地よくて、最高にリラックスできるんです。幼い娘は、旅のディテールは覚えていないかもしれないけど、心を解き放つその感覚だけは忘れないだろうなって思います。

―――― ギリシャ　基本情報 ――――

[日本からの行き方] 直行便はなし。ヨーロッパ各地を経由してアテネに入る。所要時間は15〜16時間程度。[時差] 日本時間よりマイナス7時間（サマータイムはマイナス6時間）。[ビザ] 滞在日数が90日以内ならビザ不要。[パスポート] 滞在日数プラス90日以上の残存有効期間が必要。[言語] 公用語はギリシャ語。英語の他、フランス語、ドイツ語などが通じる地域も。[通貨] ユーロ（€、EURO、EUR）とセント（CENT）。1ユーロ＝128.35円（2018年6月17日現在）。[チップ] サービス料に含まれる場合が多いが、心付けを渡す習慣もある。[気候] 年間を通じて温暖。夏（6〜9月）は気温が30℃を超えるが、湿度が低いので快適。

クリス-ウェブ 佳子
Yoshiko Kris-Webb

モデル・コラムニスト。1979年10月生まれ。大阪府出身。
イギリス人の夫を始め、国際色豊かな交友関係を持つ。
バイヤー、PR、音楽ライターなど、幅広い職業経験を経て、
2011年より雑誌『VERY』の専属モデルとして活動。
トークショーやイベント、空間・商品プロデュースの分野でも才覚を発揮する。
2017年に初のエッセイ集『考える女』発刊。
ライフワークは"旅"。2女の母。